新手出纳10天入门手册

XINSHOU CHUNA 10 TIAN RUMEN SHOUCE

朱延涛 编著

定位准确清晰，内容丰富权威
突出专业技能，贴近实战经验

经济管理出版社

图书在版编目（CIP）数据

新手出纳10天入门手册/朱延涛编著. —2版. —北京：经济管理出版社，2018.9
ISBN 978-7-5096-5965-6

Ⅰ.①新… Ⅱ.①朱… Ⅲ.①出纳—手册 Ⅳ.①F233-62

中国版本图书馆CIP数据核字(2018)第200287号

组稿编辑：张永美
责任编辑：张永美
责任印制：黄章平
责任校对：超　凡

出版发行：	经济管理出版社
	（北京市海淀区北蜂窝8号中雅大厦A座11层 100038）
网　　址：	www.E-mp.com.cn
电　　话：	(010)51915602
印　　刷：	三河市延风印装有限公司
经　　销：	新华书店
开　　本：	720mm×1000mm/16
印　　张：	16
字　　数：	251千字
版　　次：	2018年11月第2版　2018年11月第1次印刷
书　　号：	ISBN 978-7-5096-5965-6
定　　价：	45.00元

·版权所有 翻印必究·
凡购本社图书，如有印装错误，由本社读者服务部负责调换。
联系地址：北京阜外月坛北小街2号
电话：(010)68022974　邮编：100836

前　言

出纳并不像有些人认为的那样，只是简单的点点钞票、填填支票、跑跑银行等事务性工作，没有什么技术含量。其实，在实际工作中，出纳是"三分动手，七分动脑"，它担负着现金、支票和有价证券的保管职责，并负责办理各种款项的收付和银行结算业务。可以说，出纳工作不仅是整个企业会计核算工作的基础和重要组成部分，而且也是会计监督的一个重要关卡。出纳工作的性质很重要，需要有一定的技术含量。

俗话说："会计是管账的，出纳是管钱的。"出纳工作作为会计实务的一项基础工作，要想做好并不是一件很容易的事，这就要求出纳人员必须认真学习、勤思考、常练习，熟练掌握一套规范的工作方法，实现工作效率的快速提高。

《新手出纳10天入门手册》是依据《企业会计准则》和国家最新颁布的财务相关法规编写的，内容简练，深入浅出，循序渐进，以便让出纳新手全面掌握出纳业务中最基本、最实用的技能，从而轻松应对出纳工作中的各种问题。

本书可以说是专门为出纳初学者量身定做的一本学习参考书，其内容基本涵盖了一名合格的出纳人员所能接触到的各项工作，例如，出纳人员必须熟知的财务数字的书写技巧，点钞的技能，纸币的点数、计数和扎把技巧，假币和假发票的识别，残币的处理，以及借款、报账、收款、开支票、日清月结、填写票据、编制凭证等业务处理事项的步骤、方法、细节和技巧，从而总揽全局，让出纳人员对出纳工作的各个环节都能够轻松应对。全书内容结构紧凑，脉络清晰，给人耳目一新的感觉。相信出纳新手阅读后一定能快速地融入企业、进入工作状态，也能快速地成长为企业所需的人才。

此外，本书还搭配了多种银行结算业务使用的表格、单据、凭证等，并精心选取小案例进行业务操作分析，对典型问题给予点拨提示，让初学者"知其然，更知其所以然"，力求让读者用最短的时间、花最少的精力迅速掌握出纳业务技能，快速适应岗位要求。

目 录

第1天 出纳基本理论和工作内容 ……………………………………… 1

◇ 第1堂 认识出纳和出纳工作 ………………………………………… 1
　　一、出纳的含义 ………………………………………………………… 1
　　二、出纳工作的特征 …………………………………………………… 2
　　三、出纳人员的职责和权限 …………………………………………… 3
　　四、出纳为什么要懂会计 ……………………………………………… 6
◇ 第2堂 出纳工作的内容和流程 ……………………………………… 7
　　一、出纳工作的内容 …………………………………………………… 7
　　二、出纳工作的流程 …………………………………………………… 10
　　三、出纳工作的阶段日程 ……………………………………………… 14

第2天 出纳应懂的会计基础知识 ……………………………………… 17

◇ 第1堂 认识会计和会计的要素 ……………………………………… 17
　　一、会计的职能 ………………………………………………………… 17
　　二、会计的基本假设 …………………………………………………… 19
　　三、会计六要素 ………………………………………………………… 21
　　四、会计核算的方法 …………………………………………………… 26
　　五、会计信息质量要求 ………………………………………………… 28
　　六、会计报表的编制要求 ……………………………………………… 31
◇ 第2堂 会计科目和会计账户 ………………………………………… 33

一、什么是会计科目 …………………………………………………… 33
　　二、会计科目的类型 …………………………………………………… 33
　　三、什么是会计账户 …………………………………………………… 35
　　四、会计账户的结构 …………………………………………………… 36
　　五、会计科目与会计账户的关系 ……………………………………… 37
◇ 第3堂　借贷记账法 ……………………………………………………… 38
　　一、什么是会计等式 …………………………………………………… 38
　　二、复式记账法运用——借贷记账法 ………………………………… 40
　　三、试算平衡 …………………………………………………………… 44

第3天　出纳应学会的基础工作技能 ……………………………………… 47

◇ 第1堂　财务数字的书写和点钞技能 …………………………………… 47
　　一、如何掌握文字和数字的书写规则 ………………………………… 47
　　二、点钞的基本程序 …………………………………………………… 48
　　三、点钞的基本要求 …………………………………………………… 49
　　四、点钞的基本方法 …………………………………………………… 50
◇ 第2堂　人民币的识别和管理 …………………………………………… 56
　　一、人民币的防伪特征 ………………………………………………… 56
　　二、假币的主要类型 …………………………………………………… 58
　　三、如何处理假币 ……………………………………………………… 60
　　四、残币的兑换办法 …………………………………………………… 63
◇ 第3堂　保险柜的管理 …………………………………………………… 65
　　一、如何开启各类保险柜 ……………………………………………… 65
　　二、如何管理保险柜 …………………………………………………… 67
◇ 第4堂　出纳报告的编制 ………………………………………………… 68
　　一、出纳报告的基本格式 ……………………………………………… 68
　　二、如何编制出纳报告 ………………………………………………… 68
　　三、银行存款余额调节表的编制 ……………………………………… 70

目录

第4天 凭证的填写和管理 ... 73

◇ 第1堂 认识会计凭证 ... 73
一、会计凭证的概念和作用 ... 73
二、会计凭证的基本分类 ... 74
三、会计凭证设计的原则 ... 75

◇ 第2堂 原始凭证的填制与审核 ... 76
一、原始凭证的内容和类型 ... 76
二、填制原始凭证的要求 ... 78
三、原始凭证的审核 ... 81

◇ 第3堂 记账凭证的填制与审核 ... 83
一、记账凭证的内容和类型 ... 83
二、填制记账凭证的要求 ... 85
三、记账凭证的审核 ... 88

◇ 第4堂 会计凭证的装订与保管 ... 91
一、会计凭证的整理和装订 ... 91
二、会计凭证的传递和保管 ... 93
三、如何销毁会计凭证 ... 95

第5天 账簿的填写和管理 ... 97

◇ 第1堂 认识会计账簿 ... 97
一、会计账簿的概念和作用 ... 97
二、会计账簿的分类 ... 98
三、会计账簿的内容 ... 101
四、会计账簿的启用 ... 102
五、登记会计账簿的要求 ... 103
六、核对会计账簿的要求 ... 104

◇ 第2堂 认识现金日记账 ... 105

一、什么是现金日记账 …………………………………………… 105
二、登记现金日记账的要求 ……………………………………… 105
三、现金日记账的登记方法 ……………………………………… 107
四、核对现金日记账的要求 ……………………………………… 109

◇ 第3堂　出纳错账的查找与更正 ………………………………… 110
一、出现错账的原因 ……………………………………………… 110
二、查找错账的方法 ……………………………………………… 111
三、更正错账的要求 ……………………………………………… 116
四、更正错账的方法 ……………………………………………… 116

第6天　现金的收支与管理 …………………………………………… 119

◇ 第1堂　认识现金管理知识 ……………………………………… 119
一、现金的概念和现金管理内容 ………………………………… 119
二、现金管理的原则 ……………………………………………… 121
三、现金管理制度 ………………………………………………… 122

◇ 第2堂　现金收入管理 …………………………………………… 125
一、现金收入的概念和种类 ……………………………………… 125
二、现金收入业务的处理程序 …………………………………… 126
三、现金收入记账凭证的编制 …………………………………… 128
四、出纳要了解的现金收入管理 ………………………………… 130

◇ 第3堂　现金支出管理 …………………………………………… 131
一、现金支出的概念和种类 ……………………………………… 131
二、现金支出的原则 ……………………………………………… 132
三、现金支出业务处理程序 ……………………………………… 133
四、现金支出记账凭证的编制 …………………………………… 136
五、出纳要知道的现金支出管理 ………………………………… 136

◇ 第4堂　现金核算 ………………………………………………… 138
一、现金核算的内容 ……………………………………………… 138

二、现金复核及收付款要求 …………………………………… 140

　　三、现金序时及总分类核算 …………………………………… 142

◇ 第5堂　现金保管和清查 …………………………………………… 144

　　一、如何保管库存现金 ………………………………………… 144

　　二、财产清查的概念和类型 …………………………………… 145

　　三、如何清查库存现金 ………………………………………… 148

第7天　银行存借款业务的管理 …………………………………… 151

◇ 第1堂　银行存款账户的开设与管理 ……………………………… 151

　　一、银行存款账户的种类 ……………………………………… 151

　　二、开立银行存款账户的流程 ………………………………… 155

　　三、如何使用银行账户 ………………………………………… 157

　　四、银行存款账户的变更和撤销 ……………………………… 160

　　五、如何管理银行存款账户 …………………………………… 162

◇ 第2堂　银行借款业务的处理 ……………………………………… 163

　　一、银行借款的种类 …………………………………………… 163

　　二、借款人应具备的条件 ……………………………………… 165

　　三、银行借款业务处理程序 …………………………………… 166

　　四、银行借款的方法 …………………………………………… 167

第8天　银行结算业务的管理 ……………………………………… 169

◇ 第1堂　认识银行结算业务 ………………………………………… 169

　　一、银行结算的概念和种类 …………………………………… 169

　　二、银行结算凭证的主要内容 ………………………………… 170

　　三、银行结算凭证的填写要求 ………………………………… 171

◇ 第2堂　银行支票结算业务处理 …………………………………… 172

　　一、银行支票的种类 …………………………………………… 172

　　二、支票的运用范围 …………………………………………… 174

三、支票结算的基本程序 …………………………………………… 174

　　　四、支票结算应注意的问题 …………………………………………… 175

◇ 第3堂　银行本票结算业务处理 …………………………………………… 177

　　　一、银行本票的种类 …………………………………………………… 177

　　　二、银行本票结算的基本程序 ………………………………………… 178

　　　三、银行本票结算和背书转让的基本规定 …………………………… 181

　　　四、银行本票的保管和退款 …………………………………………… 183

◇ 第4堂　银行汇票结算业务的处理 ………………………………………… 184

　　　一、银行汇票结算的特点 ……………………………………………… 184

　　　二、银行汇票的基本规定 ……………………………………………… 185

　　　三、银行汇票结算的程序 ……………………………………………… 187

　　　四、银行汇票丢失的处理和退款 ……………………………………… 188

◇ 第5堂　商业汇票结算业务的处理 ………………………………………… 189

　　　一、商业汇票的分类和结算原则 ……………………………………… 189

　　　二、商业承兑汇票的结算 ……………………………………………… 190

　　　三、银行承兑汇票的结算 ……………………………………………… 192

◇ 第6堂　汇兑结算业务的处理 ……………………………………………… 194

　　　一、汇兑结算的种类和特点 …………………………………………… 194

　　　二、汇兑结算的基本规定 ……………………………………………… 196

　　　三、汇兑结算的程序 …………………………………………………… 198

◇ 第7堂　其他银行结算业务处理 …………………………………………… 199

　　　一、委托收款概述 ……………………………………………………… 199

　　　二、委托收款结算的程序 ……………………………………………… 201

　　　三、托收承付概述 ……………………………………………………… 202

　　　四、托收承付结算的程序 ……………………………………………… 204

第9天　会计票据的审核和填写 ……………………………………………… 205

◇ 第1堂　支票的管理与填制 ………………………………………………… 205

一、支票的概念和分类 …………………………………… 205

　　二、支票使用的规定 ……………………………………… 207

　　三、填写支票的要求 ……………………………………… 209

　　四、支票挂失的办理 ……………………………………… 211

◇ 第2堂　发票的管理与填制 ………………………………… 213

　　一、发票的概念和分类 …………………………………… 213

　　二、发票的购买 …………………………………………… 215

　　三、发票的管理要求 ……………………………………… 216

　　四、开具发票的要求 ……………………………………… 217

第10天　工商和税务业务的处理 …………………………… 219

◇ 第1堂　工商业务的处理 …………………………………… 219

　　一、如何进行公司注册 …………………………………… 219

　　二、如何进行公司的注销登记 …………………………… 223

　　三、如何进行公司的解散清算 …………………………… 224

　　四、如何进行公司的破产清算 …………………………… 225

◇ 第2堂　税务登记业务的处理 ……………………………… 227

　　一、税务登记概述 ………………………………………… 227

　　二、开业税务登记 ………………………………………… 229

　　三、税务登记变更 ………………………………………… 232

　　四、税务登记注销 ………………………………………… 234

　　五、停复业税务登记 ……………………………………… 236

◇ 第3堂　纳税申报业务的处理 ……………………………… 238

　　一、纳税申报概述 ………………………………………… 238

　　二、各主要税种纳税申报的期限 ………………………… 240

第1天 出纳基本理论和工作内容

◇ 第1堂 认识出纳和出纳工作

一、出纳的含义

出纳在企业财务部门中扮演着一个重要的角色，担负着企业现金的收付、往来款项的核对、工资及福利费用的发放、员工差旅费的报销、登记现金日记账和银行日记账等所有涉及企业货币资金的业务。

出纳并不像有些人认为的那样，只是简单的点钞票、填支票、跑银行等事务性工作，其实，在实际工作中，出纳不仅责任重大，而且需要熟悉不少学问，如政策和技术问题等。一个优秀的出纳人员，只有深入学习才能掌握并做好出纳工作。

出纳，作为会计名词，运用在不同的场合有着不同的含义，从这个角度来说，出纳至少有出纳人员、出纳工作两种含义。

（一）出纳人员

出纳人员有狭义和广义之分。狭义的出纳人员专指会计部门的出纳人员；广义的出纳人员不仅包括会计部门的出纳工作人员，而且还包括业务部门的各类收款员（或收银员）。收款员从其工作内容、方法、要求以及本身所具备的素质等方面看，与会计部门的专职出纳人员既有很多相同之处，又有很多不同之处。两者工作的相同点如下：

（1）填制和审核原始凭证。

（2）直接与货币打交道。

（3）办理货币资金和各种票据的收付，并保证自己经手的货币资金和票据的安全性和完整性。

收款员与会计部门的专职出纳人员工作的不同之处如下：

（1）收款员一般在经济活动的第一线工作，负责各种票据和货币资金的收付，特别是现金的收付。一般来说，企业收付的现金通常由收款员转交给专职出纳人员。

（2）收款员的工作过程只是钱款的收付、保管、核对和上交，一般不用专门设置账户进行核算。

一般来说，收款员是会计机构的派出人员，他们的工作是整个出纳工作的一部分。出纳业务的管理和出纳人员的培训与教育，应从广义角度综合考虑。

（二）出纳工作

出纳工作也有狭义和广义之分。狭义的出纳工作专指各单位会计部门专设的出纳岗位和人员的各项工作；广义的出纳工作不仅包括单位会计部门专设派出机构的各项货币资金、票据、有价证券业务的收付、核算和保管等工作，而且还包括各单位业务部门的货币资金收付、保管等方面的工作。也就是说，只要是货币资金、票据和有价证券的收付、核算和保管等，都属于出纳工作的范围。

二、出纳工作的特征

出纳工作作为会计工作的组成部分，除了具有一般会计工作的本质属性以外，同时还具有自身独特的工作特点和规律。

出纳既是一个专门的岗位，也是一项专门的技术，其主要的工作特点如下：

1. 政策性

出纳是按照国家有关规定和制度来办理各项事务，因此，它是一项政策性很强的工作，每一个环节都必须严格按照国家的规定进行。例如，办理银行结算业务，要根据国家银行结算办法进行；办理现金收付，要按照国家现金管理规定进行。因此，出纳人员必须掌握《会计法》、《会计基础工作规范》、《会计人员职权条例》等政策法规，要做好出纳工作，就必须按这些政策法规办事，而不能违反财经纪律。

2. 社会性

一个单位的货币资金的收付、存取活动等出纳工作，应置于整个社会经济活动的大环境之中，并与整个社会经济活动的运转相联系。单位不管发生任何经济活动，出纳人员都必然与之发生经济关系。例如，出纳人员要经常跑银行办理一些事务，还要为了了解国家有关财会政策法规，参加这方面的学习和培训等。因此，出纳工作具有广泛的社会性。

3. 时效性

出纳工作具有很强的时效性，例如，什么时候发放职工工资，什么时候核对银行对账单等，都有严格的时间要求，不能有一点延误。因此，出纳人员心里应有一个严格的时间表，及时办理出纳的各项工作，并保证出纳工作质量。

4. 专业性

出纳工作作为会计工作的一个重要环节，不仅有着专门的操作技术，而且还有一定的工作规则。例如，如何填写会计凭证，如何记录出纳账目，如何合理地使用和管理保险柜等。出纳工作的任何环节都有一定的学问和讲究。因此，出纳人员要做好出纳工作，一方面要有一定的专业知识，另一方面也要在实践中不断积累经验、掌握其工作要领以及熟练使用现代化办公工具等。只有做好以上几点，才能成为一个合格的出纳人员。

5. 高素质性

对出纳人员的素质要求，不仅表现在其做事方面，而且还表现在其抵制诱惑的能力方面。一方面，出纳的核心工作是负责企业货币资金的收付以及登记日记账，在点钞、记账、审核发票时必须细心，以避免企业发生经济利益的流失；另一方面，出纳人员由于工作的特殊性，每天都会接触大量的货币资金，面对如此大的诱惑，出纳人员的个人素质如果达不到一定水平，就很容易被眼前的利益所诱惑，以致使自己走向犯罪的深渊，从而给个人和企业带来无法挽回的损失。

三、出纳人员的职责和权限

出纳人员的岗位职责主要涉及现金收付、银行结算等活动，而这些活动又直接关系到单位、职工个人乃至国家的经济利益，如果出纳工作出了差错，很可能对企业、个人甚至国家造成无法弥补的损失。因此，明确出纳人员各项工作的职责和权限，是做好出纳工作的前提条件。

(一) 出纳人员的职责

根据《会计法》、《会计基础工作规范》等财会法规，出纳人员的岗位职责具体如下：

（1）根据会计制度的规定，在办理现金和银行存款收付业务时，要严格审核各种报销或支出的原始凭证，对违反国家规定或有错误的原始凭证，要拒绝办理报销或支出手续。

（2）根据编制的收付款凭证要逐次逐笔地登记现金日记账和银行存款日记账，并结出余额，还要保证登记的及时性。

（3）严格遵守国家有关现金管理和银行结算制度的规定，办理现金收付和银行结算业务。

（4）外汇出纳业务是一项政策性很强的工作，出纳人员应熟悉国家外汇管理制度，严格遵守国家外汇管理和结汇、购汇制度的规定及有关批件，及时办理外汇出纳业务，避免国家外汇损失。

（5）出纳人员应掌握银行存款余额，不准签发空头支票，不准出租出借银行账户为其他单位办理结算，还要按规定设立支票领用登记簿。

（6）保管库存现金和各种有价证券（如国库券、债券、股票等）的安全与完整。

（7）保管有关印章、空白收据和空白支票以及其他有价证券。

（8）定期并及时地与银行对账。

(二) 出纳人员的权限

根据《会计法》、《会计基础工作规范》等财会法规，出纳人员的权限具体如下：

1. 维护财经纪律，执行财会制度，抵制不合法的收支和弄虚作假行为

《会计法》第十六条、第十七条、第十八条、第十九条中对会计人员如何维护财经纪律提出具体规定，内容如下：

第十六条：各单位发生的各项经济业务事项应当在依法设置的会计账簿上统

一登记、核算，不得违反本法和国家统一的会计制度的规定私设会计账簿登记、核算。

第十七条：各单位应当定期将会计账簿记录与实物、款项及有关资料相互核对，保证会计账簿记录与实物及款项的实有数额相符、会计账簿记录与会计凭证的有关内容相符、会计账簿之间相对应的记录相符、会计账簿记录与会计报表的有关内容相符。

第十八条：各单位采用的会计处理方法，前后各期应当一致，不得随意变更；确有必要变更的，应当按照国家统一的会计制度的规定变更，并将变更的原因、情况及影响在财务会计报告中说明。

第十九条：单位提供的担保、未决诉讼等有关事项，应当按照国家统一的会计制度的规定，在财务会计报告中予以说明。

以上这些规定，为出纳人员实行会计监督、维护财经纪律提供了法律保障。出纳人员应认真学习、领会、贯彻这些法规，为维护财经纪律、抵制不正之风做出贡献。

2. 管好用好货币资金的权力

出纳工作每天和货币资金打交道，出纳人员掌握着单位货币资金的来龙去脉及周转速度的快慢。因此，出纳人员应充分发挥主动工作的观念，树立主动参与意识，为单位提出合理利用资金的意见和建议，及时提供货币资金使用与周转信息，这是出纳人员义不容辞的义务和责任，从而增强出纳的职业光荣感，又为出纳工作开辟了新的视野。

3. 参与货币资金计划定额管理的权力

根据企业日常现金流量数据，出纳人员要制订出相应的财务计划，控制好现金的进出额度，并做到每一笔钱的使用心中都有数。同时出纳应加强对企业的货币资金的管理，并制定出相应的现金使用制度，使其使用规范化。因此，出纳工作不是简单的货币资金的收付，也不仅仅是点钞工作，其工作的意义只有和许多方面的工作联系起来才能体会到。

四、出纳为什么要懂会计

会计与出纳同属于企业会计部门，出纳工作是各项财务工作正常进行的基础工作，充当着财务工作进行的基石角色。可以说出纳既是会计的助手，同时又和会计互相监督，以确保会计部门工作的效率和质量。

出纳是会计的助手，为会计做好前期的准备工作。其主要工作都是财务部门里初级和基础的工作，比如现金的存取、款项的收付、原始凭证的审核等业务。出纳是企业各项经济业务的必经关口，经过出纳的归纳、总结，对各项经济业务进行记录、计量，并登记日记账，同时附着原始单据一同上交会计部门，用于月底做账。

会计根据出纳提供的数据资料做账，主要负责企业除现金日记账以及银行存款日记账以外的其他各种账目的登记、账务的处理等货币资金收付以外的大部分工作，进而反映公司的财务信息状况。

当然，不管是出纳还是会计，他们的核算依据都是企业经济业务发生时取得的原始凭证，互相运用对方的核算资料、依据、原则，共同完成会计任务。

凭证作为联系企业出纳和会计的最重要的纽带，其传递过程如图 2-1 所示。

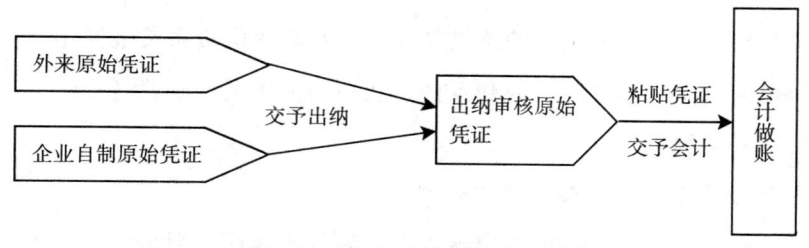

图 2-1 出纳与会计凭证传递的过程

出纳与会计之间，既相互依存以促进整个会计部门工作的完成，同时又各自独立达到监督的目的。因此，出纳人员必须有一定的会计专业知识，在工作中必须依靠一些专业的会计知识来完成日常的出纳工作。

◇ 第2堂 出纳工作的内容和流程

一、出纳工作的内容

不同企业的出纳工作内容不尽相同，但出纳人员的主要工作内容大致相同。一般来说，出纳人员的工作主要是与现金收付及银行存款收付有关的会计工作，是会计工作的基础。其工作内容主要包括以下几个方面：

（一）货币资金核算

出纳每天的工作主要就是与货币资金打交道。货币资金核算工作的内容主要包括以下几个方面：

（1）办理银行结算业务，规范使用支票，严格控制签发空白支票。

（2）办理现金收付，严格按规定收付款项，并保留好相关单据，以备日后检查使用。

（3）根据已经办理完毕的收付款凭证，按顺序逐笔登记现金日记账和银行存款日记账，并结算出余额，还要保证日清月结。

（4）及时去银行办理入账手续，避免入账支票过期作废，并保存好汇款单、进账单以及支票存根联等相关单据，以便月底作为原始凭证据实做账。

（5）复核收入凭证，办理销售结算业务。认真审查销售业务的有关凭证，严格按照销售合同和银行结算制度，及时办理销售款项的结算，催收销售货款。如果由于销售纠纷，货款被拒付时，要通知有关部门及时处理。

（6）保管库存现金和有价证券。每天下班前检查库存现金和有价证券数目是否与现金日记账相符，并保管好保险箱钥匙。对超出企业库存现金额度的现金要及时送存银行。出纳人员不得随意挪用现金。如果发现库存现金有短缺或盈余，应立即查明原因，根据情况做不同的处理。如果因个人原因导致资金短缺，个人要负责赔偿。

（二）往来结算

企业在经营过程中，由于时间的前后差异，实际上会使很多款项不能做到及时结算，因此，出纳对往来款项的核对就显得尤为重要。其主要工作内容包括以下几个方面：

1. 核算其他往来款项，防止坏账损失

对购销业务以外的各项往来款项，要按照单位和个人分户设置明细账，根据审核后的记账凭证逐笔登记，并经常核对余额。年终要抄列清单，并向领导或有关部门报告。

2. 办理其他往来款项的结算业务

其他往来款项的结算业务主要包括以下几个方面：

（1）企业与内部核算单位和职工之间的款项结算。

（2）企业与外部单位不能办理转账手续和个人之间的款项结算。

（3）低于结算起点的小额款项结算。

（4）对购销业务以外的各种应收、暂付款项，要及时催收结算。

（5）根据规定可以用于其他方面的结算。

3. 建立清算制度

对应付、暂收款项要抓紧清偿，其具体规定如下：

（1）如果有些款项确实无法收回或无法支付应付账款，应查明原因，按照规定批准后处理。

（2）有些企业实行备用金制度，出纳人员要核定备用金定额，及时办理领用和报销手续，并对以上工作加强管理。

（3）对预借的差旅费，要督促相关人员及时办理报销手续，收回余额，不得拖欠，不准挪用，并对出差的费用实行多退少补。

（4）对购销业务以外的暂收、暂付、应收、应付、备用金等债权债务及往来款项，要建立清算手续制度，加强管理并能及时清算。

（5）建立其他往来款项清算手续制度。

（三）工资结算

无论企业规模大小，企业在发放工资时，均由企业的出纳人员来操作。为了避免出纳人员在发放工资时发生错误，必须对所发工资进行数据核算。其工作的主要内容包括以下几个方面：

1. 负责工资核算

根据人力资源部出具的基本工资、考勤表、五险一金等相关单据，按照工资总额的组成和工资的领取对象，进行明细账目核算。

2. 提供工资数据

根据管理部门的要求，按照企业员工工资，编制员工工资报表，作为原始凭证进行月底汇总账目。

3. 执行工资发放计划，监督工资使用

根据员工工资报表，按时对员工发放工资，不得私自挪用或扣发员工工资。

4. 审核工资单据，发放工资奖金

根据员工日常工作情况，对相关员工发放工资奖金。

（四）保管好企业财务方面的相关资料

对相关资料的保管主要包括以下几个方面：

（1）出纳人员必须妥善保管好有关印章、作废支票、空白支票、现金日记账本和银行存款日记账本等，并严格按照规定的用途使用。

（2）签发支票的各种印章，不得全部交由出纳一人保管。

（3）对于空白收据和空白支票必须严格管理，专设登记簿登记，认真办理领用注销手续。

（五）负责开具、整理和购买发票

出纳人员负责开具发票，而且每个月的月底还要负责整理并审核公司当月的所有发票，再将审核无误的发票归类整理并粘贴，然后交由会计进行下一步工作。发票使用完时，及时到税务局购买新发票，以保证企业的生产销售服务活动能够正常进行。

（六）负责购买转账支票

转账支票用完时，出纳人员要去公司开户行购买。在购买转账支票时，需要提供公司支票领用本、财务章、人名章和购买人身份证。公司如果需要购买现金支票，出纳人员在购买时，除了需要提供以上资料以外，还要带公司开户许可证。

二、出纳工作的流程

出纳人员每天都会与很多不同的人员打交道，因此，他们的工作不仅相当忙碌，而且还非常琐碎。出纳人员如果没有一个有条不紊的工作流程，很可能就会在忙碌的工作中出错。因此，制定一份流程表，对出纳人员来说至关重要。以下是出纳人员工作的具体流程。

（一）资金收支的账务处理流程

出纳人员的账务处理与会计处理基本一致，其程序相对而言较为简单。具体工作流程如下：

1. 设置出纳账户

按照经济业务的对象设置出纳账户。

2. 审核原始凭证

按照各项规章制度审核原始凭证。

3. 填制记账凭证

根据复式记账原理填制记账凭证。

4. 登记账目

登记账目主要包括登记出纳日记账和相关备查簿。

5. 清查财产

对企业的财产进行清查，以保证账实相符、账账相符。

6. 编制出纳报告

根据原始凭证、记账凭证以及出纳日记账和相关备查簿等资料，编制出纳报告。

7. 保管资料

按规定办理移交手续，对编制的出纳资料进行有效的报告，并制定严格的管理制度。

（二）资金收支的一般流程

出纳人员只有按照国家规定的程序进行资金收支业务处理，才能保证出纳工作的质量和资金收支业务有章可循。资金收支的主要工作及程序如下：

1. 资金收入处理的流程

（1）明确收入的来源和金额。

出纳人员每天都与资金打交道，因此，他们必须在收到一笔资金之前，首先要清楚地知道收到资金的金额是多少、收谁的资金以及收什么性质的资金，然后再按不同的情况进行分析处理。其基本业务流程如下：

①确定收款金额。

收款金额如果是现金收入，则应考虑库存限额的要求。

②明确付款人。

出纳人员应当明确付款人的全称和有关情况，对于收到的支票或其他代为付款的情况，应由经办人加以注明。

③收到销售或劳务性质的收入。

对于销售或劳务性质的收入，出纳人员应当根据有关的销售（或劳务）合同确定收款额是否能够按照协议的有关规定执行，并对当期实现的收入、预收账款以及收回以前欠款分别进行处理，以确保账实相符。

④收回代付、代垫及其他应付款。

出纳人员应当根据账务记录确定其收款额是否相符，具体包括单位为职工代付保险金、个人所得税、职工的个人借款、差旅费借款、水电费、房租以及单位交纳的押金等。

（2）清点收入。

出纳人员在清楚收入的金额和来源后，应对收到现金的金额进行清点核对，清点时应沉着冷静，避免出现任何差错。清点收入的业务流程如下：

①现金清点。

出纳人员应将收入的现金与经办人当面点清，在清点过程中若发现钱币短缺、假钞等特殊问题，应由经办人负责。

②银行核实。

对收入进行银行核实时，出纳人员要与银行相核对，还要注意电话询问或电话银行查询的结果，该结果只能作为参考，只有在取得银行有关的收款凭证后，方可正式确认收入，然后再进行账务处理。

③开具发票或收据。

在对收入进行清点核对均没有差错后，出纳人员才能按规定开具发票或内部使用的收据。如果本次收入的金额较大，应及时上报有关领导，便于资金的安排调度，手续完毕后，在有关收款依据上加盖"收讫"章。但是，如果在清点核对并开出单据后，再发现现金短缺或假钞，应由出纳人员全权负责。因此，出纳人员在清点现金收入的过程中，一定要沉着冷静，认真应对。

（3）收入退回。

在资金收入过程完成后，如果因特殊原因（比如，支票印鉴不清、收款单位账号错误等）导致收入退回的，应由出纳人员及时联系有关经办人或对方单位重新办理收款手续。

2. 资金支出处理的流程

（1）明确支出金额和用途。

出纳人员每支付一笔资金时，一定要清楚地知道准确的付款金额，并对该资金的用途进行合理安排。

①明确收款人。

出纳人员必须严格按合同、发票或有关记载依据对收款人进行付款。如果收款人是代为收款，出纳人员还要让该收款人出具原收款人的证明材料，并与原收款人核实后，方可办理付款手续。

②明确付款用途。

出纳人员在工作中，应当行使自己的工作权利，对于不合法、不合理的付款项目应当坚决给予抵制，并向有关领导汇报；对于用途不明的付款项目，出纳人员也应当拒付。

（2）付款审批。

由经办人填制付款单证，注明付款金额和用途，并对付款事项的真实性和准确性负责。

①有关证明人的签章。

在付款审批的时候，要提供有关证明人的签章。比如，经办人在付款用途中，如果涉及实物，应当由实物负责人或仓库保管员签收；如果涉及销售或差旅等费用，应当由证明人或知情人加以证明。

②有关领导的签字。

收款人持完备的证明手续和付款单据，报有关领导审阅并签字。

③到财务部门办理付款。

收款人持内容完备的付款单证，报经会计审核后，由出纳办理付款。

（3）办理付款。

付款是资金支出中关键的一环，出纳人员应当特别谨慎，保持如履薄冰的态度认真对待每一笔付款，以避免发生差错，导致无法挽回的后果。此外，出纳人员还要严格核实付款金额、用途和有关审批手续。具体内容如下：

①现金付款。

双方在进行现金付款时，应当面点清。在清点过程中，如果发现短缺、假钞等情况，应当由出纳人员自己负责。

②银行付款。

出纳人员在开具支票时，应认真填写各项内容，保证支票上的各要素填写完整、印鉴清晰、书写正确。如果此次付款为现金支票，应附领票人的姓名、身份证号码以及单位证明。在办理转账或汇款时，出纳人员应书写完整、清晰准确，以保证收款人能按时收到此款项。

③签字并加盖"付讫"章。

付款金额双方确认后，由收款人签字并加盖"付讫"章。如果此次付款为转账或汇款的，应把银行的单据直接作为已付款证明。如果在收款人确认签字后，才发现现金短缺或其他情况，应由收款经办人负责。

（4）付款退回。

在付款过程完成后，如果因特殊原因（比如支票印鉴不清、付款单位账号错误等）导致付款退回的，出纳人员应当立即查明原因，如果确实是我方责任引起的，出纳人员应更换支票或重新汇款，不得借故拖延；如果是因对方责任引起的，应由对方重新补办手续方可办理。

（三）负责报销差旅费的流程

1. 发放差旅费

员工出差分借支和不可借支两种情况，如果有需要借支的情况，员工必须填写借支单，然后交总经理审批签名，交财务部审核，确认无误后，出纳人员才发款。

2. 报销差旅费

员工出差回来后，应据实填写支付证明单，并在支付证明单后面贴上收据或发票，先由证明人签名，再交给总经理签名，然后经会计审核后，由出纳人员进行实报实销。

三、出纳工作的阶段日程

出纳人员在纷繁复杂的工作中，要有时间的概念，以保证出纳业务及时得到处理，出纳信息及时得到反映。一般情况下，出纳人员每日的工作阶段日程大致有以下几个方面：

（1）出纳人员在上班后的第一时间，检查库存现金、有价证券及其他贵重物品。

（2）在当日的工作簿上列明当天应处理的事项，分清轻重缓急，并根据工作时间合理安排。

（3）向有关领导或财务主管请示当日资金的收支安排计划，并在当日的工作簿上清晰地列明。

（4）按顺序办理各项收付款业务，并明确收入来源，注意收入计算的准确性。

（5）应及时根据收付款单据，编制记账凭证登记入账。

（6）逐笔注销工作安排簿中的已完成事项，因特殊事项或情况，造成工作未完成的，应列明未尽事项，留待翌日优先办理。

（7）根据单位需要，每天或每周报送一次出纳报告。

（8）对库存现金进行盘点，做到账实相符。

（9）每月终了3天内，出纳人员应当对其保管的支票、发票、有价证券、重要结算凭证进行清点，并按顺序进行登记核对。

（10）编制出纳日报表，反映当日资金收支情况。

（11）出纳人员在快要下班的时候，应根据收付款凭证，进行账实核对，逐日逐笔按顺序登记现金日记账和银行存款日记账，还必须保证现金实有数与日记账、总账相符，并每日结出余额。

（12）当天下班前，出纳人员应整理好办公用品，锁好抽屉及保险柜，保持办公场所整洁，无资料遗漏或乱放现象。

第2天 出纳应懂的会计基础知识

◇ 第1堂 认识会计和会计的要素

一、会计的职能

会计的职能是指会计在经济管理中所固有的、最原始的功能,也是会计工作本质的体现。现代会计工作主要有核算、监督、分析、评价、预测、决策、安全等七大功能。而七大功能的实现必须建立在核算和监督两个职能实现的基础上。因此,核算和监督被称为会计的两个基本职能。

(一) 会计核算职能

会计核算是指会计对生产经营活动所进行的确认、计量、记录、计算、分类汇总和报告等环节。它以货币作为主要计量单位,是会计工作的重要组成部分,并贯穿于企业生产经营的全过程,即事前、事中、事后的核算。

会计核算的内容具体表现为生产经营过程中的各项经济业务,主要包括以下几方面:

(1) 款项和有价证券的收付。

(2) 财物的收发、增减和使用。

(3) 债权、债务的发生和结算。

(4) 资本、资金的增减。

(5) 收入、支出、费用、成本的计算。

(6) 财务成果的计算和处理。

(7) 其他需要办理的会计手续，以及进行会计核算的事项。

会计核算的特点主要包括以下三点：

(1) 会计核算具有完整性、连续性和系统性。

(2) 会计核算要对各单位经济活动进行全程记录。

(3) 会计核算以货币为主要计量尺度，从价值量上反映各单位的经济活动状况。

（二）会计监督职能

会计监督是指会计人员在进行会计核算的同时，按照一定标准，对单位发生的经济活动进行全过程和全方位的指导、控制和检查，使经济活动按预期的方向发展，以达到预期的目标。

会计监督的标准主要包括以下三个方面：

(1) 党和国家的路线、方针、政策、法律、法规、制度和计划。

(2) 会计准则和统一会计制度及有关会计方面的条例规定。

(3) 本单位的会计制度、计划、定额等。

会计监督要进行全过程的监督，分为事前、事中和事后监督，具体内容如下：

1. 事前监督

事前监督主要采用预测的方法，是会计人员利用其掌握的现有资料和信息，在参与预测、决策、预算制订的过程中，对其合理性、合法性、目标一致性等实施的监督。

2. 事中监督

事中监督是指会计人员在计划执行过程中，主要通过审核的方法，对经济活动全过程实施的监督和控制。

3. 事后监督

事后监督是会计检查主要采用的方法，是指会计人员在计划完成后，对经济活动的检查、分析、考核和评价等。

会计监督职能的特点主要包括以下三个方面：

(1) 会计监督是一种经常性的监督，监督的核心是保证会计信息的可靠性。

(2) 会计监督是对经济活动的效益性进行监督。

（3）会计监督以国家的财经政策、制度、纪律和单位内部的会计管理制度为准绳。

（三）会计核算和会计监督两大职能的关系

（1）核算职能是监督职能的基础。

（2）监督职能是核算职能的保障。

（3）两者相辅相成，缺一不可。

二、会计的基本假设

会计基本假设又称会计核算的基本前提，是会计人员对会计工作所处的变化不定的时间、空间、环境的合理设定，是会计确认、计量和报告的前提条件。根据我国《企业会计准则》的规定，会计假设确定为四条，即会计主体、持续经营、会计分期和货币计量。

（一）会计主体

会计主体或称会计实体，是指会计所核算和监督的特定单位或组织。社会再生产由很多基层单位组成，为了提高整个社会经济的效益，要求各个基层单位独立核算各项收支。具体经济业务在不同的单位内部或不同的单位之间均可能发生，作为特定单位或组织的会计人员，应该明确哪些经济业务需要核算以及站在何种立场理解经济业务。会计主体假设不包括投资者本人和其他会计主体或个人的经济活动。

会计主体假设的内涵主要包括以下几个方面的内容：

（1）会计主体要求会计站在本会计主体立场上，核算会计主体或与本会计主体有关的经济活动。

（2）会计主体从空间上限定了会计的范围，明确哪些经济活动应予以确认、计量和报告。

（3）会计主体不同于法律主体。一般来说，法律主体必然是会计主体，但会计主体并不一定是法律主体。

（4）会计主体是一个复合概念，既包括分会计主体，又包括总会计主体。分会计主体是指一个会计主体可以包括若干个会计主体。相对于分会计主体，其所从属的会计主体称为总会计主体。

（二）持续经营

持续经营是假设会计主体的生产经营活动将无限期地延续下去，在可预见的未来，根据正常的经营和既定的经营目标持续经营下去，不会因清算、解散、倒闭而不复存在。

持续经营的内涵主要包括以下三个方面：

（1）会计人员以会计主体的持续经营为前提条件，通过选择会计处理程序和会计处理方法进行会计确认、计量和报告。

（2）以持续经营为前提条件，并不否认企业破产的可能性，而且企业破产也是客观存在的。

（3）现代会计核算中所使用的一系列会计原则和会计处理方法都是建立在会计主体持续经营的基础上。

（三）会计分期

会计分期又称为会计期间，是指将会计主体持续不断的经营活动人为地划分为一个个首尾相接、等间距的会计期间，以便分期结算账目和编制财务会计报告。

会计分期由国家统一规定，目的是使不同会计主体提供会计信息的时间一致并具有可比性。根据《企业会计准则》规定，会计分期分为年度和中度。年度是基本的会计分期，称为会计年度；中度是指短于一个完整的会计年度的报告分期，一般分为半年度、季度、月度。我国所有会计分期均采用公历起讫日期，如年度为公历1月1日起到12月31日止，而且相邻的两个会计分期要首尾相接，如2013年会计年度的12月31日与2014年会计年度的1月1日，便是首尾相接。

会计分期目的在于通过会计期间的划分，据以分期结算账目，计算盈亏，按期编制财务报告，从而及时向有关方面提供反映企业经营成果、财务状况以及现金流量的会计信息，满足企业内部加强经营管理以及其他有关方面进行决策的需要。

（四）货币计量

货币计量是指在会计核算中采用货币作为计量单位，确认、计量和报告会计主体的生产经营活动。会计的计量单位除了货币计量单位以外，还要辅以实物量度和劳动量度。

货币计量要明确以下两方面的含义：

1. 选择记账本位币

会计核算所采用的货币币种称为记账本位币。我国《企业会计准则》规定，人民币作为企业会计核算的记账本位币，企业的生产经营活动一律通过人民币进行确认、计量和报告。业务收支以人民币以外的货币为主的企业，也允许选定其中一种货币作为记账本位币，但是编报的财务报告必须折算为人民币。在境外设立的中国企业向国内报送的财务报告，也应当折算为人民币。

2. 货币计量的币值稳定

货币计量是以货币价值不变、币值稳定为条件的。因为只有在币值稳定或者相对稳定的条件下，不同时点的资产价值才具有可比性，不同时期的收入和费用才能进行比较，会计核算提供的经营成果、财务状况以及现金流量才具有真实性。然而，货币本身的价值却是时时刻刻在变化，但只要波动不大或前后波动可以抵消时，货币价值的变化对会计计量的影响就不大，仍认为货币币值稳定。但当出现恶性通货膨胀时，如果仍以币值不变为前提，对已入账的资产、负债等不做调整，就会影响会计计量的真实性。

会计的基本假设是会计确认、记录、计量、报告的前提，四项基本假设相互依存、相互补充。会计主体确立了会计的空间范围，持续经营与会计分期确立了会计的时间长度，而货币计量则为会计提供了必要手段。总而言之，有了会计主体，才有持续经营，有了持续经营，才有会计分期，有了货币计量，才有现代会计。

三、会计六要素

会计要素是对企业经济活动的交易、事项的经济特征和管理的要求所做的基本分类，是会计对象的具体化，也是构建会计报表的基本指标。

我国《企业会计准则》将会计分为六大要素：资产、负债、所有者权益、收入、费用和利润。其中，根据财务状况和经营成果又将其分为静态要素和动态要素。资产、负债、所有者权益属于静态要素，它们侧重于从相对静止的观点反映企业某一特定时刻的财务状况；收入、费用和利润属于动态要素，它们侧重于从动态观点反映企业某一特定时期的经营过程和经营成果。

下面分别对会计六要素进行详细说明。

（一）资产

资产是在企业过去的交易或者事项中形成的、由企业拥有或者控制的、预期会给企业带来经济利益的资源。

根据资产的定义，资产的特征主要有以下三个方面：

（1）资产是由企业过去的交易或者事项形成的，不能由未来的交易或事项形成。

（2）资产必须为某一特定主体所拥有或者控制，该特定主体可以任意地调度、使用和处置，不必为其再支付其他的费用。

（3）在企业的生产经营活动中，凡是能给企业带来预期经济利益的资源才可确认为企业的资产。

资产可以是有形的，也可以是无形的。资产可以分为流动资产和非流动资产。流动资产是指在1年或者超过1年的一个营业周期内变现或者耗用的资产，它主要包括银行存款、库存现金、交易性金融资产、应收及预付账款、存货等；非流动性资产是指不能在1年或者超过1年的一个营业周期内变现或者耗用的资产，主要包括长期股权投资、固定资产和无形资产等。

资产的确认除符合资产的定义外，还应当同时满足以下两个条件：

（1）与该资源有关的经济利益很可能流入企业。

（2）该资源的成本或者价值能够可靠地计量。

（二）负债

负债是在企业过去的交易或者事项中形成的、预期会导致经济利益流出企业的现时义务。

根据负债的定义，负债具有以下特征：

（1）负债是由企业过去的交易或事项形成的，只有已发生的交易或事项形成的义务才是现时义务，将来要发生的交易、事项或承诺，不能形成现时的义务，则不符合负债的定义。

（2）负债是企业承担的现时义务，即企业现在已经承担，将来要用自身拥有的资源偿还的义务，这是负债的一个基本特征。未来才发生的交易或事项形成的义务，不属于现时义务，不能确认为企业的负债。

（3）负债预期会导致经济利益流出企业，如果不会导致经济利益流出企业的，就不符合负债的定义，不属于负债。

企业的负债，按其流动性或偿还时间的长短可分为流动负债和非流动负债。流动负债是指将在1年（含1年）或超过1年的一个营业周期内偿还的债务，主要包括短期借款、应付及预收款项等；非流动负债是指偿还期超过1年（含1年）或超过1年的一个营业周期以上的债务，主要包括长期借款、应付债券以及长期应付款等。

负债的确认除符合负债的定义外，还应当同时满足以下两个条件：

（1）与该义务有关的经济利益很可能流出企业。

（2）未来流出的经济利益，金额能够可靠地计量。

（三）所有者权益

所有者权益是指企业资产扣除负债后由所有者享有的剩余权益。

根据所有者权益的定义，所有者权益具有以下特征：

（1）所有者权益是一种剩余权益，由于所有者是企业的投资者，是企业财产的最终拥有者，享有分配利润、管理企业、分配企业剩余财产的权利，但同时承担着亏损的风险。

（2）所有者权益不一定等于投资者的原始投资额，因为在企业的经营过程中也许会不断增值，也许会不断损失，或者由其他渠道形成归于投资者。

（3）所有者权益具有长期特性，不需要定期偿还和支付固定利息。

根据所有者权益的形成来源，可将其分为实收资本、资本公积、盈余公积和未分配利润四项。实收资本是指投资者按照企业章程或合同、协定的约定，实际投入的企业经营活动的资本，它表现为企业的注册资本（在股份有限公司中称为股本）；资本公积是指资本本身升值或其他原因而产生的投资者的共同权益，其主要来源于资本在投入过程中产生的溢价（一般称作"资本溢价"或"股本溢价"），以及直接计入所有者权益的利得和损失；盈余公积是指企业按照规定的比例从净利润中提取的法定盈余公积和经企业股东大会或类似机构批准后按照规定的比例从净利润中提取的任意盈余公积；未分配利润是指企业的税后利润按照规定进行分配以后的剩余部分，还包括历年结余的未分配利润。

（四）收入

收入是指企业在日常活动中形成的、会导致所有者权益增加的、与所有者投入资本无关的经济利益的总流入。

根据收入的定义，收入具有如下特征：

（1）收入是企业为完成其经营目标所从事的经常性活动以及与之相关的活动，这里重点强调的是在日常活动中形成的经济利益流入，而不是从偶发的交易或者事项中产生的。

（2）与收入相关的经济利益流入会导致所有者权益的增加，不会导致所有者权益增加的经济流入不符合收入的定义，不能确认为收入。

（3）收入会导致经济利益的流入，但是该流入是与所有者投入资本无关的经济利益的总流入。

收入主要包括主营业务收入、投资收入以及其他业务收入。主营业务收入是指企业在基本或主营业务活动中所获得的收入；投资收入是指企业对外投资所取得的收益减去投资损失后的净额；其他业务收入是指企业在非主营业务活动中所获得的收入。

收入的确认应当满足以下三个条件：

（1）经济利益的流入额能够可靠地计量。

（2）与收入相关的经济利益应当有流入企业的很大可能。

（3）经济利益流入企业的结果会导致资产的增加或者负债的减少。

（五）费用

费用是企业在日常活动中发生的、会导致所有者权益减少的、与所有者分配利润无关的经济利益的总流出。

根据费用的定义，费用具有如下特征：

（1）费用是企业为完成其经营目标所从事的经常性活动以及与之相关的活动中形成的。

（2）费用是与所有者分配利润无关的经济利益的总流出。

（3）与费用相关的经济利益流出应当会导致所有者权益的减少，不会导致所有者权益减少的经济利益流出不符合费用的定义，不应当确认为费用。

费用的界定应满足以下三个条件：

（1）经济利益的流出额能够可靠计量。

（2）与费用相关的经济利益应当很可能流出企业。

（3）经济利益流出企业的结果会导致资产的减少或者负债的增加。

（六）利润

利润是指企业在一定会计期间的经营成果。利润包括收入减去费用后的净额、直接计入当期利润的利得和损失等。

根据利润的定义，利润具有如下特征：

（1）利润的性质是不确定的，它既包括收入减去费用后的净额，也包括直接计入当期利润的利得和损失。

（2）利润不是企业的一种独立收益，也不完全是收入和费用要素配比的结果，而是收入扣减费用损失后的净额和直接计入当期利润的利得与损失共同作用的结果。

按照利润的构成，将利润分为营业利润、投资净收益和营业外收支净额。营业利润，是指主营业务减去主营业务成本和营业税金及附加，加上企业业务利润，减去销售费用、管理费用和财务费用后的金额，也就是说，营业利润是为完成其经营目标所从事的经常性活动以及与之相关的活动中形成的利润；投资净收益，是指企业对外投资所得的收益减去发生的投资损失后的余额；营业外收支净额，是指企业发生的、与其生产经营活动无直接关系的各种营业外收入减去营业外支出后的净额。

三种利润的计算公式如表 2-1 所示：

表 2-1 利润的计算公式

构成	公式
营业利润	营业利润=主营业务收入-主营业务成本-营业税金及附加+企业业务利润-销售费用-管理费用-财务费用
投资净收益	投资净收益=对外投资所取得的收益-发生的投资损失
营业外收支净额	营业外收支净额=营业外收入-营业外支出

四、会计核算的方法

会计核算是会计的基础工作，完成会计的各项任务都必须建立在会计核算的基础上。会计核算的环节主要包括会计的确认、计量、记录、计算和报告等。会计核算的方法是对会计的对象进行系统、完整、持续的计划和计算，并反映和监督所采用的专门的、特殊的技术和手段。会计核算的方法主要包括设置会计科目和账户、复式记账、填制和审核会计凭证、登记账簿、成本计算、财产清查和编制会计报表等。

（一）设置会计科目和账户

会计科目是指按照经济内容对各个会计要素进行分类核算与监督所形成的项目名称，也是在会计要素的基础上，对会计对象的具体内容所作的分类。账户是根据会计科目设置的，是记载和保留会计信息的载体，专门用来记载会计科目内容的具有特定结构的表格，并且每一个会计科目必然对应一个账户。

由于会计对象的内容纷繁复杂，为了提供分类会计核算的信息，就需要对会计对象设置会计科目。而为了使会计能够连续地、分类地记载会计科目的增减变化情况及结果，就需要设置账户。

（二）复式记账

复式记账是指对经济管理中的每一项业务都以相等的金额，同时在两个或两个以上相互联系的账户中进行登记的一种记账方法。这样就可以详细载明每项经济业务的来龙去脉，也可以检查记账的正确性。

（三）填制和审核会计凭证

会计凭证是记载经济业务的书面证据。它是为了保证会计记录的完整性、准确性和合理性而专门采用的一种核算方法。它还是为会计人员记账、开展会计检查、审计提供客观可验证的书面证据。会计核算要明确经办人员的责任，要求每一项经济业务的发生都要填制会计凭证，并经会计人员审核无误后，才能纳入会计核算范围。因此，正确地填制和审核会计凭证是保证会计信息质量的重要环节，也是会计工作的起点和关键。

（四）登记账簿

账簿是由若干张具有专门格式的账页组成，是用来记载经济业务的集合。而登记账簿是在账簿中科学地、连续地、完整地记录和反映经济活动以及财务收支状况的一种方法。

登记账簿是会计核算不可或缺的环节。账簿是载体，是企事业单位保存完整、详细的会计资料的重要手段，也是编制会计报表的主要依据。所以，各单位都必须建立、使用和保存审核无误的会计账簿。

（五）成本计算

成本计算是指企业在生产经营过程中，按照一定的成本对象，对生产经营过程中发生的各项费用进行归集和分配，以确定各对象在形成过程中发生的总成本和单位成本。

成本计算可以核算和监督生产经营过程中所发生的各项费用是否节约，并确定企业的盈亏。会计人员只有做好成本计算工作，才能有利于企业以尽可能少的耗费，取得尽可能多的经济效益。

成本计算是会计核算众多过程中最复杂、最重要的环节。因此，会计计算需要运用特定的计算方法。

（六）财产清查

财产清查是通过实地盘点实物、现金和有价证券，对银行存款、债权债务、所有者权益进行核对，以确定它们的实有数，保证账实相符的专门方法。为了保证会计账簿记录的准确可靠，企业必须定期或不定期地对各项财物以及往来账目进行清查。

（七）编制会计报表

会计报表是一种按照一定的格式，根据日常核算资料，定期总括地反映企事业单位一定时期财务状况、经营成果的书面报告文件。编制会计报表是提供会计信息使用者所需指标的最简洁明了而有效的手段。各单位在某个会计期间结束时，为了考核单位生产经营计划的完成情况，还为了投资者、债权人了解单位财务状况和经营成果，都必须按规定编制各种会计报表。

会计核算的各种方法相互联系、互相配合，共同构成了一个完整的方法体系。在整个会计核算过程中，七种会计核算方法有一定的先后顺序，其具体关系如图 2-1 所示。

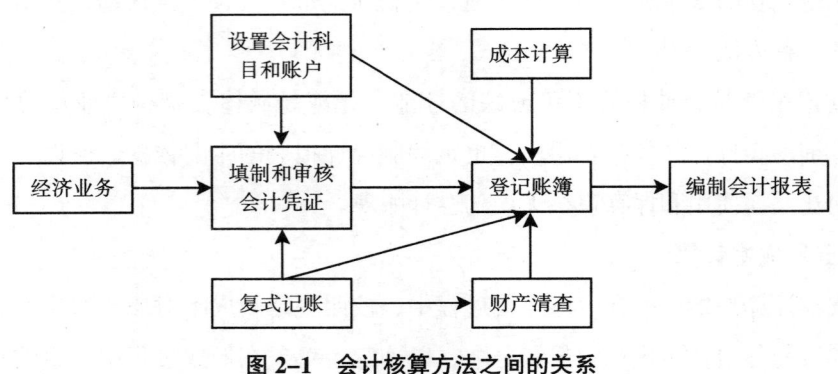

图 2-1 会计核算方法之间的关系

五、会计信息质量要求

为了保证企业财务报告中所提供的会计信息的质量，满足投资者、债权人、政府、社会公众等的需求，《企业会计准则——基本准则》中规定了会计信息质量的八项要求，即可靠性、相关性、清晰性、可比性、实质重于形式、重要性、谨慎性和及时性等。

（一）可靠性

企业应当以实际发生的交易或者事项为依据进行会计确认、计量和报告，如实反映符合确认和计量要求的各项会计要素及其他相关信息，以保证会计信息的真实可靠、内容完整。

会计信息要有用，必须以可靠性为基础，为了保证会计信息的可靠性，会计人员应做到：

（1）以实际发生的交易或者事项为依据进行会计确认、计量和报告，要如实反映在财务报表中，不得虚构和随意估计。

（2）会计信息应当是中立的、无偏的。如果企业在财务报告中为了达到事先设定的结果或效果，故意将有关的会计信息偏向该结果或效果，以影响投资者等财务报告使用者的决策和判断，这样的财务报告信息就不是中立的。

（3）在符合重要性和成本效益原则的条件下，保证会计信息的完整性，不得随意遗漏或减少应当披露的信息。

（二）相关性

企业提供的会计信息应当与财务会计报告使用者的经济决策相关，并有助于财务会计报告使用者对企业过去、现在或者未来的情况做出评价或者预测。

相关的会计信息应当能够有助于投资者或财务报告使用者评价企业过去的决策，证实或者修正过去的有关预测。而且这些相关的会计信息还应当具有预测价值，有助于投资者或财务报告使用者预测企业未来的经营成果、财务状况以及现金流量等。

相关性在会计核算中要求收集，并加工处理，还要在提供会计信息的过程中充分考虑使用者对信息的需求情况，进而对其进行科学的规划。然而，做到会计信息的相关性，须在保证可靠性的前提下，尽可能做到相关性。

（三）清晰性

企业提供的会计信息应当清晰明了，以便投资者或财务会计报告使用者理解和使用。

企业编制财务会计报告是为了方便使用，要使用会计信息，首先必须了解会计信息的内涵，弄懂财务会计报告的内容。为了达到此目的，就要求会计核算和财务会计报告必须清晰明了、易于理解。会计信息是一种专业性较强的信息产品，在某种程度上要假定投资者等财务会计报告的使用者有一定的企业经营活动和会计相关知识，并对其付诸研究行动。

（四）可比性

企业提供的会计信息应当具有可比性，会计信息质量的可比性主要包括横向或纵向的比较，这两种比较的含义如下：

（1）同一企业在不同时期发生的相同或者相似的交易或者事项，应当采用一致的会计政策，不得随意变更。特殊情况下必须变更的，应当在附注中说明。

（2）不同企业在相同会计期间发生的相同或者相似的交易或者事项，应当采用规定的会计政策，确保会计信息口径一致、相互可比，以使不同企业按照一致的确认、计量和报告要求提供有关会计信息。

（五）实质重于形式

企业应当按照交易或者事项的经济实质进行会计确认、计量和报告，不应仅以交易或者事项的法律形式作为会计信息的依据。

现实工作中，交易或事项的外在法律形式或人为形式并不一定和经济实质完全一致，比如，企业以融资方式租入的固定资产虽然从法律形式上说企业没有所有权，不属于企业所有，但是，由于融资租入资产的租赁期限相当长，一般接近该产品的使用寿命。在租赁期内，企业有权支配资产，并从中受益，而且在租赁期结束时承租企业有优先购买该资产的选择权。从融资租赁的经济实质来看，企业能够控制其创造的未来经济利益，但同时也要承担其损失。因此，会计核算应当将融资租入的固定资产视为企业的资产，计提折旧和大修理费用。

（六）重要性

企业提供的会计信息应当反映与企业经营成果、财务状况以及现金流量等有关的所有重要交易或者事项。

判断一种交易或事项是否为重要会计事项，一方面根据该交易或事项是否有可能对决策产生重要影响，即如果某项会计信息省略或错报会影响会计信息使用者据此做出正确决策；另一方面根据某一项目的数量达到一定规模时是否会影响到决策。综合两方面考虑就可以判断出该交易或事项是否具有重要性。

（七）谨慎性

企业对交易或者事项进行会计确认、计量和报告时应当保持谨慎，不应高估资产或者收益、低估负债或者费用。

在激烈的市场经济环境下，企业开展生产经营活动面临着许多不确定性的因素和风险，比如，固定资产或无形资产的使用寿命、应收款项的可收回性以及售出商品可能发生退货等。会计人员在企业面临不确定性因素的情况下，做出职业判断时应当保持必要的谨慎，即对未来困难考虑得充分一些，没有把握的收益不予考虑，这种谨慎态度主要表现为既不能高估资产或收益，也不能低估负债或费用。只有企业决策建立在可靠信息基础上，才能有利于企业做出正确决策、有效地规避风险、持续经营以及提高企业竞争力等。

（八）及时性

企业对于已经发生的交易或者事项，应当及时进行会计确认、计量和报告，不得提前或者延后。

会计信息的价值主要体现在能帮助所有者或企业其他方面做出正确的经济抉择。在现代激烈的市场竞争中，市场瞬息万变，机会稍纵即逝，作为帮助经济决策的会计信息，它具有很强的时效性，如果会计信息没有及时提供，其效用就会大打折扣，甚至还会失去实际意义。

在会计确认、计量和报告过程中贯彻及时性，要求会计人员做到以下三点：

（1）企业及时收集信息。即在经济交易或者事项发生后，及时收集整理各种原始单据或者凭证。

（2）企业及时处理信息。即在原始单据或凭证的基础上，及时对经济交易或者事项进行确认、计量，并编制出财务报告。

（3）企业及时传递会计信息。即按照国家的有关规定，对编制的财务报告传递给投资者等财务报告使用者，便于他们及时使用，并进行决策。

六、会计报表的编制要求

会计报表的编制是一项非常严肃的工作，因此，会计报表的编制人员应严格按照会计制度的规定时间，编制月、季、半年、年度会计报表，并必须达到以下要求：

1. 记录真实可靠性

如实记录企业的交易或事项是会计信息系统的基本要求，绝不允许有任何歪曲或弄虚作假。编制会计报表的目的主要是为了满足不同的使用者对信息资料的要求，以便使用者根据所提供的财务信息作出决策。如果会计报表所提供的财务信息不真实可靠，决策者反而会由于错误的信息而作出相反的结论，导致其决策失误。

2. 相关可比性

会计报表所提供的信息资料必须能够体现企业过去、现在的财务信息或对未来财务信息等事项的影响及其变化趋势，并为使用者的决策提供相关联并且具有可比性的信息。

3. 可理解性

可理解性是指会计报表提供的财务信息可以为使用者所理解。对会计报表的这一要求，应建立在会计报表使用者具有一定阅读会计报表能力的基础之上。假如此会计报表为广大投资者、债权人以及潜在的投资者和债权人阅读并使用，此编制的会计报表必须清晰易懂，不能晦涩难懂，不可理解。这样阅读者才能依据报表提供的企业过去、现在和未来的财务信息资料，作出可靠的判断，为企业赢取更多的利益。

4. 内容全面完整性

会计报表应当全面反映企业的经营成果和财务状况，只有完整地提供企业的会计信息资料，才能满足使用者对财务信息各方面资料的需要。企业在编制会计报表时，其填列的格式和内容应该严格按照规定进行。凡是国家要求提供的会计报表，必须按照国家规定的要求编报，不得漏编。此外，为了保证会计报表的全面完整，企业对某些重要的会计事项，还应当在会计报表附注中加以说明。

5. 编制及时性

信息具有一定的时效性特征。会计报表作为企业经营活动的信息资料，在编制时，也要非常注重其及时性，这样才能有利于会计报表的使用者使用。否则，即使会计报表编制得真实、可靠和完整，就因为编制得不及时，对于报表的使用者来说，这份报表也是毫无价值的。

◇ 第2堂 会计科目和会计账户

一、什么是会计科目

(一) 会计科目的概念

会计科目是根据经济业务的具体内容和经济管理的要求，对各类会计要素的具体内容进行进一步分类核算的科目，是客观地对各会计要素的具体内容、核算和管理的基本设置。根据企业实际情况合理设置会计科目是会计核算的基本前提。会计科目的名称是账户的名称，会计科目的内容是会计做账及编制报表的主要内容。

(二) 会计科目的作用

会计科目的作用主要表现在以下几个方面：

(1) 是反映资金运动的方法。
(2) 是组织会计核算的依据。
(3) 是财务管理的手段。
(4) 有利于加强宏观管理。
(5) 是传播会计信息的工具。

(三) 会计对象的层次

会计对象包括三个层次，三个层次之间的关系如图2-2所示。会计科目是进行会计核算和提供会计信息的基础，是对会计对象第三层次的细化。

二、会计科目的类型

会计科目的类型多种多样，为了在会计核算中正确地掌握和运用好会计科目，可以按一定的标准对会计科目进行适当的分类。以下是从三个方面对其进行的划分。

(一) 按提供信息的详细程度及其统驭关系划分

会计科目按其所提供信息的详细程度及其统驭关系不同，可分为总分类科目

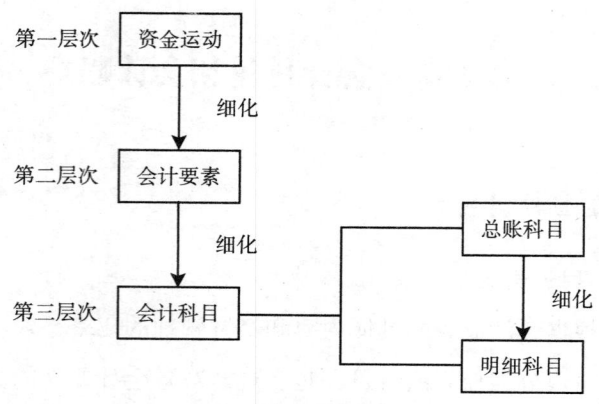

```
第一层次    资金运动
              ↓ 细化
第二层次    会计要素
              ↓ 细化         总账科目
第三层次    会计科目                ↓ 细化
                              明细科目
```

图 2-2 会计对象三个层次之间的关系

和明细分类科目。

总分类科目又称一级科目，是对会计要素具体内容进行总括分类，提供总括信息的会计科目，如"应收账款"、"应付账款"、"原材料"、"固定资产"等科目；明细分类科目，是对总分类科目作进一步分类，以便能提供更详细、更具体的会计信息科目，如"应收账款"科目按债务人名称设置明细科目，反映应收账款具体对象。

明细分类科目是对除了会计准则规定设置的以外，可以根据企业经济管理的需要和经济业务的具体内容而自行设置，处于明细科目较多的总账科目，也可在总分类科目与明细科目之间再设置二级或多级科目。

（二）按反映经济内容的性质不同进行分类

按反映经济内容的性质不同进行分类，会计科目可分为资产、负债、所有者权益、成本、损益等五大类。其具体说明如下：

（1）资产类科目按资产的流动性又分为反映流动资产的科目和反映非流动资产的科目。

（2）负债类科目按负债的偿还期限可分为反映流动负债的科目和反映长期负债的科目。

（3）所有者权益类科目按权益的形成和性质可分为反映资本的科目和反映留存收益的科目。

（4）成本类科目是反映成本费用和支出的，用于核算成本的发生和归集情况，提供成本相关会计信息的会计科目。

（5）损益类科目是为核算"本年利润"服务的，具体包括收入类科目、费用类科目；在期末（月末、季末、年末）这类科目累计余额须转入"本年利润"账户，结转后这些账户的余额应为零。

（三）按不同的依据进行分类

会计科目按不同的依据进行分类，可以划分的种类如下：

（1）按列入会计报表的项目可分为资产负债表科目和利润表科目。

（2）按会计要素可分为资产类、负债类、所有者权益类、成本类和损益类。

（3）按用途可分为盘存类、结算类、调整类、暂记类、跨期摊配类、净值类、集合分配类、成本计算类和损益计算类。

（4）按记账方向可分为借方科目和贷方科目。

（5）按统驭关系可分为总分类科目和明细分类科目。

三、什么是会计账户

（一）会计账户的概念

会计账户简称账户，是根据会计科目设置的，记载会计科目内容，用具有特定结构的表格，通过分类、系统、连续地记录各项会计要素的增减变化及其结果的一种工具。

会计账户以会计科目为名称。比如，根据"原材料"科目设置的账户，其会计账户名称为"原材料"账户；根据"银行存款"科目设置的账户，其会计账户名称为"银行存款"账户。对于每个会计科目来说，无论是一级会计科目、二级会计科目还是三级会计科目，都必须有对应的账户用来记载其详细的变化情况。

一本会计账簿中既可以设置多个账户，也可以设置一个账户。而且每个账户可能仅使用一个账页，也可能使用若干个账页。当使用多个账页时，前面和后面账页中的表格一定要接续。

（二）会计账户的作用

由于会计科目的设置只是将会计要素所反映的经济内容进行归类，而不能将经济业务中引起会计要素各个具体类别的变化连续不断地记录并集中反映出来，因此，会计账户用于分类反映会计要素增减变动及其结果的载体。

根据总分类科目可以设置总分类账户，根据明细科目可以设置明细分类账户。例如，根据"原材料"科目设置的账户，用以分别记录原材料的收入、支出和结存数；根据"库存现金"设置的账户，用以记录库存现金的收款、付款和结存数。总之，账户只有按照会计科目分门别类地记录有关数据，才能进一步加工处理，形成更全面、更系统的会计信息，满足信息使用者的需要。

四、会计账户的结构

会计账户的结构是指用来记录经济业务账户的具体格式，即账户应由哪几部分组成，以及如何记录经济业务所引起的各项会计要素的增减变动情况及其结果。虽然不同的账户由于其反映的经济内容不同，提供的会计信息也不同，所使用的账户结构会有不同的格式，但它们任何经济业务引起的会计要素的任何具体项目的变动，不外乎增加和减少两种情况，因而账户的基本结构是相同的。

账户的一般结构是指不与具体记账方法相联系的账户基本结构。账户的一般结构主要包括记录经济业务的日期、记录经济业务的凭证字号、经济业务内容摘要、金额的增减情况以及余额等。一般情况下，账户的全部账页均分为左右两方，左方的记账符号为借，右方的记账符号为贷，一方登记经济业务的增加，相应的另一方登记经济业务的减少。账户的一般结构如表2-2所示。

表 2-2　账户的一般结构

账户名称

年		凭证		摘要	借方	贷方	借或贷	余额
月	日	字	号					

为了简化起见，通常略去日期、凭证字号、摘要等栏目，仅保留该种形式的账户，称为"T字形"账户。"T字形"账户结构如图2-3所示。

账户结构按照一定的记账方法而定。在某一会计期间内，账户中登记本期增

| 借方（左方） | 账户名称 | 贷方（右方） |

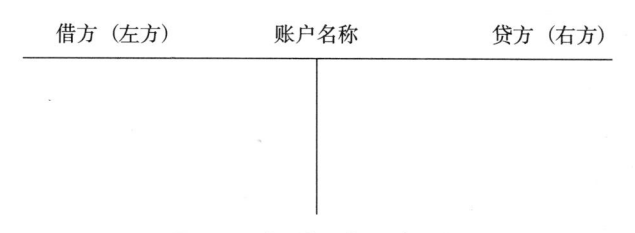

图 2-3 "T 字形"账户结构

加的金额，称为本期增加发生额，简称"本期增加额"；登记本期减少的金额，称为本期减少发生额，简称"本期减少额"。增减相抵后的差额，称为余额。余额按照实际的不同，又分为期末余额和期初余额。其中，初次启用该账户的第一个会计期间的本期增加额减去本期减少额的差额，称为该账户在该会计期间的"期末余额"；本期的期末余额转入下个会计期间，称为"期初余额"。期末余额与期初余额的基本关系如下：

期末余额=期初余额+本期增加发生额-本期减少发生额

五、会计科目与会计账户的关系

在实际工作中，有些会计人员往往会把会计科目和会计账户作为同义词使用，下面分别介绍一下两者的联系和区别，以便会计人员在工作中能准确地把两者区分开来。

（一）会计科目与会计账户的联系

会计科目与会计账户两者存在很多相同点，主要表现在：

（1）两者均按照会计对象的内容设置。会计科目核算的内容就是会计账户核算的内容，两者是完全相同的。如"原材料"科目，核算库存的各种材料，"原材料"账户，同样也核算库存的各种材料。

（2）两者具有相同的名称。会计账户是以会计科目名称作为其名称的，如以"原材料"命名的会计科目，会计账户的名称为"原材料"账户。

（3）两者具有相同的分类。由于会计账户与会计科目反映同样的内容，所以两者分类是相同的。

（4）两者的核算方法相同。会计科目规定的核算方法，也是会计账户的核算方法。

(二) 会计科目与会计账户的区别

会计科目与会计账户是有一定区别的，主要表现在：

(1) 会计科目只是记载会计对象具体内容分类的项目名称，不能连续记载经济业务。会计科目本身无具体结构，而会计账户具有一定的结构，可以连续地反映经济业务，反映某项内容增减变动的过程。

(2) 会计科目是由国家统一制定的，并在会计准则中以科目表的形式予以列示，而会计账户由各单位自行选择。

(3) 会计科目的设置只是为了规范会计科目的名称，不是会计核算方法，而会计账户的设置是会计核算的专门方法之一。

(4) 会计科目只能提供货币指标，而会计账户不仅可以提供货币指标，而且可以提供实物数量指标、劳动数量指标以及其他非货币信息指标。

◇ 第3堂 借贷记账法

一、什么是会计等式

会计等式又称会计方程式，从形式上看，它是反映会计各要素之间在数量上必须相等的一种关系式；从实质上看，它完整地表现了企业财务状况和经营成果及其形成过程。由于权益要求表明资产的来源，而全部来源又必须与全部资产相等，因此，全部资产必须与全部权益相等。

由于资金运动的状态包括相对静止和显著运动两种，而在这两种状态下，表现为不同的本质特征，会计等式在此特征下，可划分为静态会计等式和动态会计等式。

(一) 静态会计等式

静态会计等式是指静态要素间的平衡关系。任何一个企业要进行生产经营活动，必须有一定的资金投入。从资金的来源渠道看主要有两方面：一是投资者举债借入，从而形成债权人权益（债权人权益在会计上称为负债）；二是所有者的投入资本，从而形成所有者权益。权益是同一资金的两个方面，两者相互依存、相互统一。资产是资金的权益，是资金的来源渠道，没有资产就没有权益，没有权益也就没有资产。那么，资产和权益必然存在着相等的关系式：

资产=权益

或：资产=负债+所有者权益

【例2-1】北京市某玩具有限公司由甲、乙、丙三人共同出资设立，其中甲投入价值40万元的房屋场地，乙、丙各投入货币资金20万元。用会计恒等式表示为：

40万元固定资产+40万元银行存款=80万元实收资本

即：80万元资产=80万元权益

【例2-2】例2-1中的该玩具有限公司成立后向银行贷款20万元，期限一年，又向供应商赊购材料10万元。用会计恒等式表示为：

40万元固定资产+60万元银行存款+10万元原材料=20万元短期借款+10万元应付账款+80万元实收资本

即：110万元资产=30万元负债+80万元所有者权益

（二）动态会计等式

动态会计等式是指动态要素间的平衡关系。企业资金的运动过程，是企业收入、费用、利润之间的数量关系，这一等式反映了企业各项经济资源运用的结果。企业在取得收入的同时，也必然发生相应的费用，两者相互比较后，才能确定企业一定时期的盈利水平。当企业收入大于费用时，表现为企业实现利润；当企业收入小于费用时，意味着企业发生亏损。用会计恒等式表示为：

收入-费用=利润（或亏损）

这一等式说明了企业利润的实现过程，反映了企业某一时期的经营成果。收入、费用以及利润之间的上述关系，是企业编制利润表的基础。

（三）动静结合恒等式

由于企业资金是由企业的所有者投资形成的，企业实现的利润只能属于所有者，企业发生亏损，也只能由所有者承担。凡是收入，都能使资产增加或负债减少；凡是费用，都能使资产减少或负债增加，同时所有者权益也相应减少。将上述两个等式结合起来，则可得出如下等式：

资产=负债+所有者权益+（收入-费用）

或：资产=负债+所有者权益+利润

这一会计等式反映了企业各个会计要素之间的相互关系。当企业将实现的利润按照国家有关规定进行分配后，剩余部分则转化为所有者权益，并形成留存收益，用于企业扩大再生产。

二、复式记账法运用——借贷记账法

复式记账法按照采用的记账符号的不同，分为借贷记账法、收付记账法和增减记账法等。其中，借贷记账法是我国《企业会计准则》对企业规定的记账方法。借贷记账法的主要内容包括记账符号、账户结构、记账规则三部分。

（一）借贷记账法的记账符号

记账符号只是表明记账的方向。借贷记账法是以"借"和"贷"作为记账符号来记录经济业务增减变化的情况。

每一个账户在记录经济业务引起变动的金额（即发生额）时，都有两个栏次，而且这两个栏次在不同的记账方法下具有不同的称呼。在借贷记账法的账户下，称左边的金额栏为"借方"，右边的金额栏为"贷方"。

关于"借"和"贷"的含义有两种说法：一种说法认为"借"和"贷"本身并不表示"增加"和"减少"了，只是表示记账的方向。另一种说法认为"借"和"贷"均有实际含义："借"一方面表示资产、成本、费用的增加，另一方面表示负债、所有者权益、收入、利润的减少；"贷"一方面表示资产、成本、费用的减少，另一方面表示负债、所有者权益、收入、利润的增加。

（二）借贷记账法的账户结构

账户结构主要解决如何在账户中记录经济业务的问题，其具体内容主要是确定账户的借方和贷方哪方应减少金额，哪方应增加金额，余额应属于哪一方，以及如何计算余额的问题。借贷记账法将所有账户分为两大类：一种是资金占用类，主要包括资产类、成本类、费用类；另一种是资金来源类，主要包括负债类、所有者权益类、收入类。两类账户的增减金额，应采用相反的方向记载。各

类账户的具体结构如下:

1. 资产类账户的结构

借方登记资产增加额,贷方登记资产减少额,期末余额在借方,表示期初或期末资产的结存余额。其余额计算公式为:

资产类期末借方余额=期初借方余额+本期借方发生额−本期贷方发生额

资产类的"T字形"账户结构分别如图2-4、图2-5所示。

银行存款	
期初余额	
本月借方发生额	本月贷方发生额
期末余额	

图2-4 银行存款账户结构

固定资产	
期初余额	
本月借方发生额	本月贷方发生额
期末余额	

图2-5 固定资产账户结构

2. 负债类及所有者权益类账户的结构

借方登记负债减少额,贷方登记负债增加额,期末余额在贷方,表明期初或期末负债及所有者权益的结存余额。余额计算公式为:

负债及所有者权益类期末贷方余额=期初贷方余额+本期贷方发生额−本期借方发生额

负债及所有者权益类的"T字形"账户结构分别如图2-6、图2-7所示。

应付账款	
	期初余额
本月借方发生额	本月贷方发生额
	期末余额

图2-6 应付账款账户结构

实收资本	
	期初余额
本月借方发生额	本月贷方发生额
	期末余额

图 2-7　实收资本账户结构

由于企业的利润属于所有者权益，因此，在所有者权益类账户中，包括利润计算账户。从账户的结构分析，利润计算账户的贷方发生额为本期收入的总额，贷方发生额与借方发生额的差额即为本期实现的利润（或亏损）。其中，期末的贷方余额表示截至本期末企业实现的累计利润；期末的借方余额则表示截至本期末发生的累计亏损。利润计算账户的"T字形"账户结构如图 2-8、图 2-9 所示。

本年利润	
期初余额	
本月借方发生额	本月贷方发生额
期末余额	

图 2-8　本年利润账户结构

利润分配	
	期初余额
本月借方发生额	本月贷方发生额
	期末余额

图 2-9　利润分配账户结构

3. 收入类账户的结构

贷方登记收入增加额，借方登记收入转出额（减少额）。由于本期发生的损益在期末全额结转到利润计算账户中，因此，期末结转后无余额。

收入类账户的"T字形"账户结构如图 2-10、图 2-11 所示。

主营业务收入	
本月借方发生额	本月贷方发生额

图 2-10　主营业务收入账户结构

其他业务收入	
本月借方发生额	本月贷方发生额

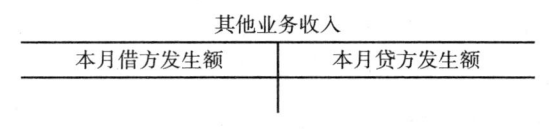

图 2-11　其他业务收入账户结构

4. 费用类账户的结构

借方登记费用增加额，贷方登记费用转出额（减少额）。由于本期发生的损益在期末全额结转到利润计算账户，因此，期末一般无余额。

费用类账户的"T字形"账户结构如图 2-12、图 2-13 所示。

主营业务成本	
本月借方发生额	本月贷方发生额

图 2-12　主营业务成本账户结构

管理费用	
本月借方发生额	本月贷方发生额

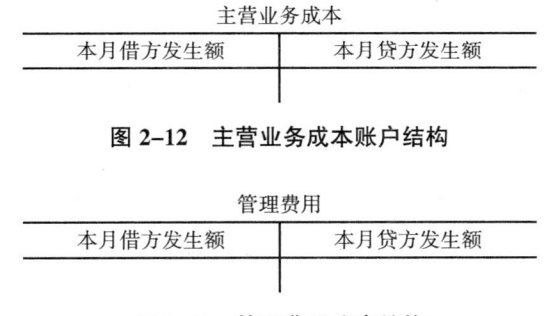

图 2-13　管理费用账户结构

5. 成本类账户的结构

借方登记成本增加额，贷方登记成本费用的转出额（减少额），期末一般无余额；如有余额在借方，则反映期初和期末的结存成本。

成本类账户的"T字形"账户结构如图 2-14、图 2-15 所示。

生产成本	
期初余额	
本月借方发生额	本月贷方发生额
期末余额	

图 2-14　生产成本账户结构

制造费用	
期初余额	
本月借方发生额	本月贷方发生额
期末余额	

图 2-15　制造费用账户结构

（三）借贷记账法的记账规则

借贷记账法应遵循"有借必有贷，借贷必相等"的记账规则，在两个或两个以上的账户同时进行等额登记时，具体可分为三步进行：

（1）对具体经济业务事项的类型进行判断。

（2）对具体经济业务事项所涉及的账户及增减变动的情况进行判断。

（3）根据账户的结构，对借贷账户的名称和金额进行判断。

在借贷记账法中，任何一笔会计事项都会涉及一个或几个账户的借方或贷方，并且在这些账户中，借方和贷方的金额相等。因此，在记账中应保持特定的应借与应贷之间的对应关系。

三、试算平衡

试算平衡是指依据"资产=负债+所有者权益"的会计等式之间的平衡关系，根据借贷记账法的记账规则，对本期各账户的记录结果进行汇总计算，以检验账户记录的正确性和完整性的一种方法。一般情况下，试算平衡主要包括发生额试算平衡法和余额试算平衡法两种。

（一）发生额试算平衡法

由于借贷记账法遵循"有借必有贷，借贷必相等"的记账规则，这样必然导致借贷双方的金额相等，并且相互平衡。而且将一定时期内所有经济业务全部记入有关账户后，所有账户的借方本期发生额合计数与所有账户的贷方本期发生额合计数也必然相等，其发生额试算平衡的计算公式如下：

全部账户本期借方发生额合计数=全部账户本期贷方发生额合计数

（二）余额试算平衡法

在借贷记账法下，将一定时期内的全部经济业务记入有关账户后，根据"期初余额+本期增加发生额=本期减少发生额+期末余额"的会计等式，计算每一个账户的余额。余额试算平衡法分为期初余额平衡和期末余额平衡，其余额试算平衡的计算公式如下：

全部账户期初借方余额合计数=全部账户期初贷方余额合计数

全部账户期末借方余额合计数=全部账户期末贷方余额合计数

（三）试算平衡的局限性

由于总分类账户之间存在上述平衡关系，如果试算不平衡，则可以肯定是账户记录有问题，出纳人员就应对账户记录进行检查，以找出错误及其错误发生的原因，并予以更正。但是，即便是试算平衡，也不能完全保证账簿记录没有问题，因为在记账过程中可能会出现以下错误，试算仍然平衡：

（1）漏记某项交易或事项。

（2）重复记录某项交易或事项。

（3）某项交易或事项记录方向正确，但是账户用错。

（4）某项交易或事项账户使用正确，但是方向颠倒。

（5）借方或贷方发生额中，偶然发生多记少记并相互抵消的情况。

（6）其他错误记录。

出现以上错误情况时，借贷仍然有可能保持平衡，因此，试算平衡并不能确保账簿记录没有问题。

第3天 出纳应学会的基础工作技能

◇ 第1堂 财务数字的书写和点钞技能

一、如何掌握文字和数字的书写规则

1. 阿拉伯数字的规范写法

（1）书写时要求字迹工整，一般要求字体上端一律向右顺斜，数字与底线的倾斜角度通常为 45°~60°，而且字体大小应只占格子的二分之一，留出上面将近二分之一的空位，作为日后出现错误之后的更错使用。

（2）按正确的书写格式，从左到右书写，不得空格、挤格，若有连号的凭证或账簿，中间空缺的页数不可撕去，只能书写"作废"字样，并在下页继续记录，而且金额的登记也需要连续登记，不可有空缺，防止涂改真实金额的现象。

（3）书写阿拉伯数字所表示的小写金额时，应采用人民币符号"￥"。在小写金额前填写人民币符号"￥"以后，数字后面可不写"元"字。

2. 汉字大写数字的规范写法

（1）汉字的大写要用正楷或者是行书字体书写，不能使用未经国务院公布的简化字或谐音字，更不能肆意制造字体。

（2）大写数字按统一的规定，必须使用"壹、贰、叁、肆、伍、陆、柒、捌、玖、拾、佰、仟、万、亿、元、角、分、零、整"等。不得用"毛"代替"角"、"0"代替"零"。

3. 小写金额的书写规则

对于没有位数分割线的凭证，在阿拉伯数字前应书写人民币符号"¥"，且符号与数字之间不得留有空位，一般金额都会保留两位小数，以便计算。

对于有数位分割线的凭证，必须按照固定的位置，填写具体的数字，不得串行、错位，并在没有数字的位置用"0"补齐，首位书写人民币符号"¥"，防止添加或涂改。

4. 大写金额的书写规则

大写金额前面，首先要有"人民币"三个字，其间不得留有空缺，在金额之后，以"整"或"正"或"角"、"分"结尾，需要注意的是，有"角"的后面可写可不写"整"字，但有"分"的后面不可写"整"字。

如：¥12000.00 应写为：人民币壹万贰仟元整；再如：¥48651.80 可写为：人民币肆万捌仟陆佰伍拾壹元捌角整，而¥486.56 应写为：人民币肆佰捌拾陆元伍角陆分。

若有固定格式的大写金额，只需填写大写数字，并且前面的金额有空位的，则用"×"代替，不可空着什么都不书写，后面位数没有数字的都用"零"字补齐。

二、点钞的基本程序

出纳工作只要涉及现金，不管是现金收入、送存，还是现金的支出，都离不开点钞工作。然而，点钞作为一种专门的技术，它直接关系到出纳人员的各种责任和遵守纪律的程度。因此，出纳人员在办理现金收、付业务时，一定要按照点钞程序办理。一般情况下，点钞的基本程序是审查→拆把→点数→扎把→盖章。该程序的具体内容如下：

1. 审查

出纳人员接到现金时，首先应审查现金收、付款凭证及其所附原始凭证的内容，检查其是否填写完整、清晰，并核对所填内容是否一致。

2. 拆把

出纳人员把准备查点的成把钞票的封条拆掉。

3. 点数

出纳人员依据现金收、付款凭证的金额，先点数大额票面金额，再点数小额票面金额，或者说先点成捆的（暂不拆捆）、成把（卷扎铸币）的（暂不拆把、卷），再点零数。

在点数过程中，出纳人员要一边点数，一边在算盘或计算器上加计金额，点数完毕，算盘或计算器上的数字应与现金收、付款凭证上的金额保持一致。

注意：出纳人员从整数至零数，在进行逐捆、逐把、逐卷地拆捆、拆把、拆卷时应暂时保存原有的封签、封条和封纸，只有在点数无误后才可扔掉。

4. 扎把

点数无误后，出纳人员再把点完准确无误的钞票蹾齐，重新用封签、封条和封纸扎紧。

5. 盖章

出纳人员把扎好的钞票腰条上加盖经办人名章，以明确责任。

三、点钞的基本要求

钞票在出纳的现金收付过程中起着主导作用，也是实现现金收付的根本。因此，在钞票的收付和整点中，首先要把混乱不齐、折损不一的钞票进行整理，使之整齐美观，以方便出纳人员进行点钞。对钞票整理的具体要求如下：

（1）平铺整齐，边角无折。

（2）剔除残币，完残分放。

（3）同券一起，不能混淆。

（4）券面同向，不能颠倒。

（5）百张一把，十把一捆。

（6）验查真伪，去伪存真。

（7）扎把捆捆，经办盖章。

（8）清点结账，复核入库。

出纳人员为达到上述具体要求，应做到以下几点要求：

1. 操作定型，用品定位

点钞时使用的印泥、图章、腰条等要按使用顺序，在固定的位置放好，以便在点钞时使用顺手。

2. 张数点准

点钞技术关键是一个"准"字，票币点数准确无误是点钞的基础和核心，因此，清点和记数的准确是对出纳人员的基本要求。要想做到点数准确，一要定型操作，二要精神集中，三要手、眼、脑紧密配合，即手点与脑记相结合。整点过程中，通常要经过初点和复点两个环节。如果在清点的过程中发现差错，最好再换人复核，直到准确无误为止。

3. 钞票墩齐

小把钞票要平铺，使一把票币中间和四边无折叠，并且四条边水平，不露头，卷角拉平后方可扎把。

4. 扎把捆紧

经整点无误后，以100张（枚）为一把（卷），10把（卷）为1捆的原则，将每捆票币扎紧，并做到小把扎紧、硬币卷包紧、大捆捆紧，以用力推不变形、票把抽不出为准。

5. 签章清晰

出纳人员对票币整点完毕后，应根据规定在封条或清点记录上盖章，而且图章要清晰可辨，以便日后分清经济责任。

6. 动作连贯

点钞时的动作连贯是保证点钞质量和提高点钞工作效率的必要条件。因此，出纳人员在点钞过程的各个环节（拆把、清点、墩齐、扎把、盖章）中必须手、眼、脑密切配合，环环相扣。此外，清点中双手动作要协调，速度要均匀，尽可能地避免不必要的小动作。

四、点钞的基本方法

点钞的基本方法大致分为手工点钞法和机器点钞法两种。对于出纳人员来说，不仅要掌握机器点钞技术，而且还必须要掌握至少一种手工点钞方法，才能更加完善地处理好相关的出纳工作，并提高出纳工作的效率。下面介绍几种点钞的方法。

（一）手持式单指单张点钞法

手持式单指单张点钞是一种适用面较广的点钞方法，该操作相对来讲比较简单，也就是一张一张清点钞票。可用于收款、付款和整点各种新旧大小钞券。其操作的基本要领如下：

（1）将钞票正面向内，左手拇指按住钞票正面的左端中央，食指和中指在钞票背面与拇指一起捏住钞票，无名指自然卷曲，担起钞票后，与小拇指在票正面共同卡紧钞票，中指稍用力，与四指、五指共同卡紧钞票。

（2）右手的拇指、食指和中指三个指头沾水，然后右手的中指微微上翘，托住钞票右上角，右手拇指指尖将钞票右上角向右下方连张捻动（幅度不宜太大），食指和其他手指一道配合拇指将捻动的钞票向下弹动，拇指捻动一张，食指弹拨一张，左手拇指随着点钞的进度，逐渐向后移动，食指向前推动钞票，以便加快钞票的下落速度。

（3）在点钞的过程中，要一边数数一边记数。记数时通常可采用分组计数法。分组记数法一般采用两种方法：一种方法是1、2、3、4、5、6、7、8、9、1（即10）；1、2、3、4、5、6、7、8、9、2（即20）；……；1、2、3、4、5、6、7、8、9、10（即100）。每组的最后一个数字表示各组的号码，这样正好100张，分10组来记数。另一种方法是0、2、3、4、5、6、7、8、9、10；1、2、3、4、5、6、7、8、9、10；……；9、2、3、4、5、6、7、8、9、10。这种记数方法的原则与前种相同，不同的是把组的号码放在每组数的前面。这两种记数方法既简捷迅速又省力好记，有利于准确记数。在记数时，切忌用嘴念出声来，出纳人员要用心记数，以便做到心、眼、手三者密切配合。

手持式单指单张点钞方法的优点是票面较小，视线可及钞票的四分之三，容易发现假票，而且这种方法挑剔残破币也较方便。

（二）手持式一指多张点钞法

手持式一指多张点钞法是在手持式单指单张点钞法的基础上发展而来的，这种方法一指可点2张以上，目前最多一指可点7张。其操作方法除了清点和记数外，其他均与手持式单指单张点钞方法相同。手持式一指多张点钞法一般适用于收款、付款和整点工作，各种钞券的清点都能使用这种点钞方法。其操作的基本要领如下：

1. 清点

清点时右手拇指肚放在钞票的右上角，拇指尖超出票面。比如，点双张钞票时先用拇指肚捻下第 1 张，拇指尖往下捻第 2 张；点 3 张和 3 张以上时，同样先用拇指肚捻下第 1 张，然后依次捻下后面的每一张，最后再用拇指尖捻下最后一张。需要注意的是，拇指要均衡用力，而且捻的幅度也不要太大，食指、中指在钞票后面配合拇指捻动，无名指向怀里弹，弹的速度要尽量快些。为增大审视面，并保证左手捻下的张数准确，点数时要从左侧看，这样更容易看清钞票张数、残破券和假币。

2. 记数

这种一次捻下多张的点钞方法，记数时通常采用分组记数法，以每次点的张数为组来记数，这样记数才更清晰，不至于混淆张数。比如，一指点 3 张，即以 3 张为组记数，每捻 3 张记一个数，33 组余 1 张就是 100 张；又如点 4 张，即以 4 张为组记数，每捻 4 张记一个数，25 组就是 100 张。以此类推，点 5 张以上者均可以用此方法计算。

手持式一指多张点钞法的优点是点钞效率高，记数简单省力。但是这种点钞方法也有一定的缺点，由于一指一次捻下几张钞券，在人的视线范围内，除第一张外，后面几张看到的票面较少，不易发现残破币和假币。

（三）手持式四指四张点钞法

手持式四指四张点钞法是纸币复点中常用的一种方法，这种点钞法适用于收、付和整点工作，不适于点残破票太多的钞票。其操作的基本要领如下：

（1）钞票放于台面，左手心向上，中指自然弯曲，指背贴在钞票中间偏左的内侧，食指、无名指和小拇指在钞票外侧，中指向外用力，外侧的指头向内用力，使钞票右上角稍向后倾斜成弧形，以便于点数。

（2）右手拇指轻轻托在钞票右里角扇面的下端，其余四指弯曲并拢，指尖成斜直线。

（3）点数时，右手食指、中指、无名指和小拇指同时沾水，然后再依次捻钞票右上角与拇指摩擦后拨票，一指清点一张，一次点4张为一组。

（4）左手随着右手清点逐渐向上移动，食指稍加力向前推动以适应待清点钞票的厚度。

（5）记数时，通常采用分组记数法，每4张为一组，记一个数，数到25组为100张。

手持式四指四张点钞法的优点是由于4个手指都能拨票，记数时4张为一个数，因此，该方法效率高，记数省力，而且操作时主要使用手指关节的活动，动作范围小，可以减轻出纳人员的劳动强度。

（四）手按式单张点钞法

手按式单张点钞法也是点钞常用的方法之一，其操作的基本要领如下：

（1）钞票放在桌子上，两肘自然放在桌面上。

（2）点钞员的坐姿以钞票的左端为顶点，与身体呈45°角。

（3）左手小拇指、无名指按住钞票的左上角，右手拇指托起右下角的部分钞票。

（4）用右手的食指捻动钞票，推动到食指、中指之间夹住，再进行下面的操作。而且每捻起一张，左手拇指就要往上，当完成一次动作后再依次连续捻动下面的钞票。

（5）记数时，通常采用1、2、3……自然记数方法，即可将钞票点清楚。

手按式单张点钞法简单易学，适用于收款工作的初点和复点。但是这种方法的点钞的速度慢一些，但点钞者能够看到较大的票面，易发现残破券和假币。

（五）手按式四指四张点钞法

手按式四指四张点钞法操作的基本要领如下：

（1）钞票平放在桌子上，两肘自然放在桌面上。

（2）点钞员的坐姿以钞票左端为顶点，与身体呈45°角。

（3）左手小拇指、无名指按住钞票的左上角，右手掌心向下，拇指放在钞票里侧，挡住钞票。

（4）左手的食指、中指、无名指、小拇指的指尖依次从钞票右侧外角向里向下逐张拨点，一指拨点一张，一次点 4 张，依次循环拨动。

（5）点完一组钞票后，左手的拇指应将点完的钞票向上掀起，再用食指和中指将钞票夹住。

（6）在点钞的过程中记数，这种点钞法通常采用分组记数法，每 4 张为一组，记一次数，数到 25 组为 100 张。

（六）扇面式点钞法

扇面式点钞法就是将钞票捻成扇面形，用四指交替拨动，依次清点钞票。这种点钞方法适用于整点新票和复点工作，不适合于收、付款的初点工作。该方法主要包括扇面式一指多张点钞法和四指多张点钞法。其操作的基本要领如下：

（1）扇面式一指多张点钞法是运用一指对钞票进行清点。

（2）扇面式四指多张点钞法是运用四个指头交替拨动，分组点数，一次点数多张。

扇面式点钞法的优点是清点速度快，特别是对大批成捆钞票的内部整点作用更大。但是这种方法清点时不容易识别假票、夹杂券。而且此法需要较高的点钞技术，一般单位的出纳人员不易掌握。

（七）整点硬币

硬币的整点一般有两种方法，一种是纯手工整点，另一种是使用工具整点。其操作的基本要领如下：

1. 手工整点硬币

手工整点硬币一般常在收款、收点硬币尾零款时使用。其操作步骤一般为拆卷→清点→记数→包装→盖章等 5 个环节，具体操作要领如下：

（1）拆卷。

①右手持硬币卷的 1/3 处放在新的包装纸中间。

②左手撕开硬币包装纸的一头，再用右手大拇指向下从左至右打开包装纸。

③包装纸打开后用左手食指平压硬币，右手抽出已经压开的包装纸，以备清点。

（2）清点。

将硬币由右向左分组清点。清点时，用右手拇指和食指将硬币分组清点。每次清点的个数以个人的熟练程度而定，比如，一次清点 5 枚或 10 枚，或者一次清点 12 枚、14 枚或 16 枚等。为了保证清点的准确性，可用中指在一组中间分开查看，以便验证每组数量。

（3）记数。

记数方法采用分组记数法。一组为一次，每次枚数要相同。

（4）包装。

清点完毕后即可进行包装，一般均以 100 枚为一包硬币卷。包装时的基本步骤如下：

①用双手的无名指分别顶住硬币的两头，用拇指、食指、中指捏住硬币的两端，将硬币取出放入已准备好的包装纸 1/2 处。

②用双手拇指把里半边的包装纸向外掀起，并用食指掖在硬币底部。

③用右手掌心用力向外推卷，然后再用双手的拇指、食指和中指分别将两头包装纸压下，并使包装纸紧贴着硬币。

④用拇指和食指向前推币，这样使硬币两头压三折后，包装完毕。

（5）盖章。

硬币包装完毕后，硬币卷整齐地竖放在桌子上，右手拿名章，贴在最前面一卷的右端，用左手掌心推动硬币向前滚动，右手将名章逐一盖在硬币卷的右端。

2. 工具整点硬币

工具整点硬币一般用在整点大批硬币时使用，该工具主要是硬币整点器。硬币整点器的操作步骤与手工整点硬币相同。工具整点硬币除了借助于整点器外，其他类似，而且操作也非常简便。

（八）点钞机的使用技巧

点钞机作为一种清点钞票和识别伪钞功能的一体化装置，为出纳人员减轻了很多负担，并大大提高了工作效率。因此，出纳人员必须掌握点钞机的使用技巧。

为了操作方便顺手，一般会把点钞机安放在操作人员的正前方或右上方。安放好后必须对点钞机进行调整和试验，力求转速均匀、下钞流畅、落钞整齐、点钞准确。机器点钞的操作方法具体如下：

（1）打开点钞机的电源开关和计数器开关，使其处于工作状态。

（2）把待点钞票整理好，码放整齐，开始点钞操作。

（3）取过钞票，右手横握钞票，将钞票捻成前高后低的坡形后，横放在点钞机的点钞板上。在放钞的过程中，一定要保证放钞方法的正确性，即放钞时顺点钞板形成自然斜度，否则会影响点钞机的正常清点。

（4）钞票进入点钞机后，点钞人员要监视点钞的过程，即目光要迅速跟住输钞带，检查是否有夹杂票、破损票、假钞或其他异物。

（5）当钞票全部下到点钞台后，检查钞票的实际金额与计数器显示的数字是否一致，然后再用左手食指和中指将钞票取出。

（6）重复上述步骤直至钞票点完为止。

◇ 第2堂 人民币的识别和管理

一、人民币的防伪特征

出纳人员每天都与现金接触，随着第五套人民币的逐渐发行，相应的假币也陆陆续续在市面上出现，且不法分子的造假技术不低，一般情况下，人们单凭感觉已难以鉴别人民币的真假。因此，出纳人员应掌握一定的真币防伪特征，学会识别假币。人民币在制作工艺中，特制定其防伪特征，具体说明如下：

1. 纸张

印制人民币主要使用的材料是印钞专用纸张，该纸张用料讲究，工艺特殊，并且预置水印，从而造成印钞纸光洁挺括，坚韧耐磨。第五套人民币纸币采用的是特种原材料，由专用抄造设备抄制的印钞专用纸张印制，它在紫外光下观察，无荧光反应。但是假币在紫外灯光下，就会发现明亮的蓝白光度。

2. 固定水印

第五套人民币50元、100元为毛泽东人头像固定水印；1元、5元、10元、20元为花卉固定水印。人民币的固定水印位于票面正面左侧空白处，迎光透视，可见与主景人像相同、立体感很强的毛泽东头像或者花卉固定水印。真币印刷中自成图像，层次分明，立体感很强。假币在纸张夹层中涂抹白色浆料模压图案或在制造表面直接盖浅淡水印图案，层次立体感较差。

3. 红、蓝彩色纤维

第五套人民币在人民币的票面上可看到不规则分布的红色或蓝色纤维丝。真币纸张钞票在制造中，红、蓝彩色纤维置放在纸张内部，随机分布，而假币则分布在纸张表面。

4. 磁性缩微文字安全线

第五套人民币 5 元、10 元为全息开窗安全线；20 元为明暗相间的磁性安全线；50 元、100 元为磁性缩微文字安全线。

钞票纸中的安全线，迎光透视，可见"100/50/20/10/5"微小文字，仪器检测有磁性。真币的安全线嵌于纸内部，仪器检测有磁性，可见"100/50/20/10/5"字样；假币的安全线无磁性或磁性不稳定。

5. 手工雕刻头像

第五套人民币 50 元、100 元的票面正面主景毛泽东头像，采用手工雕刻凹版印刷工艺，形象逼真、传神，凹凸感强，易于识别。真币的头像形象逼真，线条清晰，凹凸感强；假币的头像由全胶印印刷，手感平滑，线条模糊，无凹凸感。

6. 隐形面额数字

第五套人民币的隐形面额数字印在钞票正面的右上方。此位置有一椭圆形图案，将钞票置于与眼睛接近平行的位置，面对光源作水平旋转 45°或 90°，即可看到面额字样。真币旋转 45°或 90°，清晰看到面值数字；假币隐藏看不到面值数字。

7. 胶印缩微文字

第五套人民币的 5 种纸币都含有胶印缩微文字，在 5 元、10 元、20 元、50 元和 100 元券的票面正面上方椭圆形图案中，多处印有胶印缩微文字，在放大镜下可看到面额字样。真币在放大镜下面看字样清晰；假币字样模糊。

8. 光变油墨面额数字

第五套人民币首次采用了光变油墨技术，用来印刷 50 元和 100 元券正面下方的面额数字。将垂直观察的票面倾斜到一定角度时，50元券的面额数字则由金黄色变为绿色；100元券的面额数字由绿色变为蓝色。真币随视角变化，颜色变化明显；假币变化无规律或无变化。

9. 阴阳互补对印图案（脚印对印图案）

第五套人民币将阴阳互补对印图案主要应用于10元、50元和100元券正面左下方和背面右下方，在此位置印有一个圆形局部图案，迎光观察，两幅图案准确对接，组合成完整的古钱币图案。真币正背面图案重合，组成完美古钱币；假币正背面古钱币图案错位。

10. 雕刻凹版印刷（凹印手感线）

第五套人民币中国人民银行行名、面额数字、盲文面额标记、凹印手感线等均采用雕刻凹版印刷，用手指触摸有明显凹凸感。而假币手感平滑无凹凸感或凹凸感不明显。

11. 横竖双号码

1999版的第五套人民币的50元和100元券均采用了横竖双号码，横号码为黑色，竖号码为蓝色；5元、10元和20元券采用了双色横号码，号码的左侧部分为红色，右侧部分为黑色。真币黑色部分有磁性，假币无磁性。

12. 双色异形横号码

2005版的第五套人民币均采用了双色异形横号码，正面左下角印有双色异形横号码，左侧部分为暗红色，右侧部分为黑色。字符由中间向左右两边逐渐变小。

二、假币的主要类型

假币的类型主要有两种，一种是伪造币，另一种是变造币。这两种币的种类和特征随着现代科学技术的发展而不断增多。目前，国内发现的伪造人民币和变造人民币大致可分为以下几种：

（一）伪造币

伪造币是指利用各种手段非法仿造真币原样，重新仿制的各类假票币。按其伪造手段和方法有以下几种类型：

（1）利用照相制版等小型印刷设备，采用凸版印刷的方法制造假币。

（2）利用手工雕刻塑料或木头制版印刷。

（3）利用高科技制版印刷设备伪造货币。

（4）利用一般的办公工具伪造假币。

（5）利用黑白或彩色复印机印制假币。

（6）利用化学药品复印的假币（通常称为拓印币）。

（二）变造币

变造币主要是指在真币基础上或以真币为基本材料，通过剪接、涂改以及揭张等办法加工处理，使原币改变形态或数量，以此实现升值的假货币。其主要类型和特征如下：

1. 剪接变造币

剪接变造币主要运用剪贴的方法，将多张真钞经过接拼，从而多拼出张数，以达到混用、混兑的目的，从中非法渔利。

剪接变造币的主要特征如下：

（1）拼出的钞票纸幅比真钞短缺一截。

（2）花纹不衔接。

（3）钞票背面有纸条或叠压粘贴痕迹。

2. 涂改变造币

涂改变造币主要运用销色、销字等方法，将小面额人民币的金额消去，刻印或描绘成大面额人民币的金额，以此来混充大面额钞票，从而达到非法渔利的目的。

涂改变造币的主要特征如下：

（1）钞票金额数字部位有涂改或用刀刮过的痕迹。

（2）花纹、颜色、图案以及尺寸均与真币不符。

3. 揭张变造币

揭张变造币通常经过处理，将真钞揭开为正、背面两张，再贴上其他纸张，折叠混用，从而达到非法渔利的目的。

揭张变造币的主要特征如下：

（1）揭张后的钞票比原有钞票纸质薄、挺度差。

（2）揭张后的钞票一面用其他纸张裱糊，只有将票面打开，正反面一看即可发现。

三、如何处理假币

中国人民银行对假币的处理有专门的规定，颁布了《中国人民银行假币收缴、鉴定管理办法》，具体规定内容如下：

1. 总则

（1）为规范对假币的收缴、鉴定行为，保护货币持有人的合法权益，根据《全国人民代表大会常务委员会关于惩治破坏金融秩序犯罪的决定》和《中华人民共和国人民币管理条例》制定本办法。

（2）办理货币存取款和外币兑换业务的金融机构收缴假币、中国人民银行及其授权的鉴定机构鉴定货币真伪适用本办法。

（3）本办法所称货币是指人民币和外币。人民币是指中国人民银行依法发行的货币，包括纸币和硬币；外币是指在我国境内（香港特别行政区、澳门特别行政区及台湾地区除外）可收兑的其他国家或地区的法定货币。

本办法所称假币是指伪造、变造的货币。伪造的货币是指仿照真币的图案、形状、色彩等，采用各种手段制作的假币。变造的货币是指在真币的基础上，利用挖补、揭层、涂改、拼凑、移位、重印等多种方法制作，改变真币原形态的假币。

本办法所称办理货币存取款和外币兑换业务的金融机构（以下简称"金融机构"）是指商业银行、城乡信用社、邮政储蓄的业务机构。

本办法所称中国人民银行授权的鉴定机构，是指具有货币真伪鉴定技术与条件，并经中国人民银行授权的商业银行业务机构。

（4）金融机构收缴的假币，每季末解缴中国人民银行当地分支行，由中国人民银行统一销毁，任何部门不得自行处理。

（5）中国人民银行及其分支机构依照本办法对假币收缴、鉴定实施监督管理。

2. 假币的收缴

（1）金融机构在办理业务时发现假币，则由该金融机构两名以上业务人员当面予以收缴。对假人民币纸币，应当面加盖"假币"字样的戳记；对假外币纸币及各种假硬币，应当面以统一格式的专用袋加封，封口处加盖"假币"字样戳记，并在专用袋上标明币种、券别、面额、张（枚）数、冠字号码、收缴人、复核人名章等细项。收缴假币的金融机构（以下简称"收缴单位"）向持有人出具中国人民银行统一印制的《假币收缴凭证》，并告知持有人，若持有人对被收缴的货币真伪有异议，可向中国人民银行当地分支机构或中国人民银行授权的当地鉴定机构申请鉴定。收缴的假币，不得再交予持有人。

（2）金融机构在收缴假币过程中有下列情形之一的，应当立即报告当地公安机关，提供有关线索：

①一次性发现假人民币20张（枚）（含20张、枚）以上、假外币10张（含10张、枚）以上的。

②属于利用新的造假手段制造假币的。

③有制造贩卖假币线索的。

④持有人不配合金融机构收缴行为的。

（3）办理假币收缴业务的人员，应当取得《反假货币上岗资格证书》。《反假货币上岗资格证书》由中国人民银行印制。中国人民银行各分行、营业管理部、省会（首府）城市中心支行负责对所在省（自治区、直辖市）金融机构有关业务人员进行培训、考试和颁发《反假货币上岗资格证书》。

（4）金融机构对收缴的假币实物进行单独管理，并建立假币收缴代保管登记簿。

3. 假币的鉴定

（1）持有人对被收缴货币的真伪如果有异议，可以自收缴之日起3个工作日内，持《假币收缴凭证》直接或通过收缴单位向中国人民银行当地分支机构或中国人民银行授权的当地鉴定机构提出书面鉴定申请。中国人民银行分支机构和中国人民银行授权的鉴定机构应当无偿提供鉴定货币真伪的服务，鉴定后应出具中国人民银行统一印制的《货币真伪鉴定书》，并加盖货币鉴定专用章和鉴定人名章。中国人民银行授权的鉴定机构，应当在营业场所公示授权证书。

（2）中国人民银行分支机构和中国人民银行授权的鉴定机构应当自收到鉴定申请之日起2个工作日内，通知收缴单位报送需要鉴定的货币。收缴单位应当自收到鉴定单位通知之日起2个工作日内，将需要鉴定的货币送达鉴定单位。

（3）中国人民银行分支机构和中国人民银行授权的鉴定机构应当自受理鉴定之日起15个工作日内，出具《货币真伪鉴定书》。因情况复杂不能在规定期限内完成的，可延长至30个工作日，但必须以书面形式向申请人或申请单位说明原因。

（4）对盖有"假币"字样戳记的人民币纸币，经鉴定为真币的，由鉴定单位交收缴单位按照面额兑换完整券退还持有人，收回持有人的《假币收缴凭证》，盖有"假币"戳记的人民币按损伤人民币处理；经鉴定为假币的，由鉴定单位予以没收，并向收缴单位和持有人开具《货币真伪鉴定书》和《假币没收收据》。对收缴的外币纸币和各种硬币，经鉴定为真币的，由鉴定单位交收缴单位退还持有人，并收回《假币收缴凭证》；经鉴定为假币的，由鉴定单位将假币退回收缴单位依法收缴，并向收缴单位和持有人出具《货币真伪鉴定书》。

（5）中国人民银行分支机构和中国人民银行授权的鉴定机构鉴定货币真伪时，应当至少有两名鉴定人员同时参与，并做出鉴定结论。

（6）中国人民银行各分支机构在复点清分金融机构解缴的回笼款时发现假人民币，应经鉴定后予以没收，向解缴单位开具《假币没收收据》，并要求其补足等额人民币回笼款。

（7）持有人对金融机构做出的有关收缴或鉴定假币的具体行政行为有异议，可在收到《假币收缴凭证》或《货币真伪鉴定书》之日起60个工作日内向直接监管该金融机构的中国人民银行分支机构申请行政复议，或依法提起行政诉讼。持有人对中国人民银行分支机构做出的有关鉴定假币的具体行政行为有异议，可在收到《货币真伪鉴定书》之日起60个工作日内向其上一级机构申请行政复议，或依法提起行政诉讼。

4. 罚则

（1）金融机构有下列行为之一，但尚未构成犯罪的，由中国人民银行给予警告、罚款，同时，责成金融机构对相关主管人员和其他直接责任人给予相应纪律处分：

①发现假币而不收缴的。

②未按照本办法规定程序收缴假币的。

③应向人民银行和公安机关报告而不报告的。

④截留或私自处理收缴的假币，或使已收缴的假币重新流入市场的。

上述行为涉及假人民币的，对金融机构处以1000元以上5万元以下罚款；涉及假外币的，对金融机构处以1000元以下的罚款。

（2）中国人民银行授权的鉴定机构有下列行为之一，但尚未构成犯罪的，由中国人民银行给予警告、罚款，同时责成金融机构对相关主管人员和其他直接责任人给予相应纪律处分：

①拒绝受理持有人、金融机构提出的货币真伪鉴定申请的。

②未按照本办法规定程序鉴定假币的。

③截留或私自处理鉴定、收缴的假币，或使已收缴、没收的假币重新流入市场的。

上述行为涉及假人民币的，对授权的鉴定机构处以1000元以上5万元以下罚款；涉及假外币的，对授权的鉴定机构处以1000元以下的罚款。

（3）中国人民银行工作人员有下列行为之一，但尚未构成犯罪的，对直接负责的主管人员和其他直接责任人员，依法给予行政处分：

①未按照本办法规定程序鉴定假币的。

②拒绝受理持有人、金融机构、授权的鉴定机构提出的货币真伪鉴定或再鉴定申请的。

③截留或私自处理鉴定、收缴、没收的假币，或使已收缴、没收的假币重新流入市场的。

四、残币的兑换办法

人民币在长期使用中，由于磨损、残缺或脏污等原因使人民币无法在商品交换中正常使用，但是这些破损的人民币仍然在商品交换中起到价值职能，残币持有者可以按照中国人民银行的有关规定进行兑换。

根据中国人民银行公布的《残缺人民币兑换办法》和《残缺人民币兑换办法内部掌握说明》等相关规定，对残缺污损人民币的兑换办法如下：

（1）为维护人民币信誉，保护国家财产安全和人民币持有人的合法权益，确保人民币正常流通，根据《中华人民共和国中国人民银行法》和《中华人民共和国人民币管理条例》，制定本办法。

（2）本办法所称残缺、污损人民币是指票面撕裂、损缺，或因自然磨损、侵蚀，外观、质地受损，颜色变化，图案不清晰，防伪特征受损，不宜再继续流通使用的人民币。

（3）凡办理人民币存取款业务的金融机构（以下简称金融机构）应无偿为公众兑换残缺、污损人民币，不得拒绝兑换。

（4）残缺、污损人民币兑换分"全额"、"半额"两种情况。

①能辨别面额，票面剩余四分之三（含四分之三）以上，其图案、文字能按原样连接的残缺、污损人民币，金融机构应向持有人按原面额全额兑换。

②能辨别面额，票面剩余二分之一（含二分之一）至四分之三以下，其图案、文字能按原样连接的残缺、污损人民币，金融机构应向持有人按原面额的一半兑换。纸币呈正十字形缺少四分之一的，按原面额的一半兑换。

（5）兑付额不足一分的，不予兑换；五分按半额兑换的，兑付二分。

（6）金融机构在办理残缺、污损人民币兑换业务时，应向残缺、污损人民币持有人说明认定的兑换结果。不予兑换的残缺、污损人民币，应退回原持有人。

（7）残缺、污损人民币持有人同意金融机构认定结果的，对兑换的残缺、污损人民币纸币，金融机构应当面将带有本行行名的"全额"或"半额"戳记加盖在票面上；对兑换的残缺、污损人民币硬币，金融机构应当面使用专用袋密封保管，并在袋外封签上加盖"兑换"戳记。

（8）残缺、污损人民币持有人对金融机构认定的兑换结果有异议的，经持有人要求，金融机构应出具认定证明并退回该残缺、污损人民币。持有人可凭认定证明到中国人民银行分支机构申请鉴定，中国人民银行应自申请日起5个工作日内做出鉴定并出具鉴定书。持有人可持中国人民银行的鉴定书及可兑换的残缺、污损人民币到金融机构进行兑换。

（9）金融机构应按照中国人民银行的有关规定，将兑换的残缺、污损人民币交存当地中国人民银行分支机构。

（10）中国人民银行依照本办法对残缺、污损人民币的兑换工作实施监督管理。

◇ 第3堂 保险柜的管理

一、如何开启各类保险柜

单位为了保护财产的安全和完整，一般均配备专用的保险柜，专门用于库存现金、各种有价证券、银行票据、出纳票据以及印章的保管。如今市面上的保险柜的种类如下：

（一）机械密码锁保险柜

机械密码锁保险柜是一种传统型的保险柜，它通过机械密码装置输入密码，与已设置的密码比对后，才能使机械传动机构完成开启、锁定动作的一种保险箱。这种保险柜价格比较便宜，性能比较可靠。

国内大部分机械密码锁保险柜的开锁办法如下：

假设机械密码锁保险柜设置的密码是三组数码，数码为（12）、（34）、（56）。其开启步骤具体如下：

（1）无论标记线对准哪组数码，都需以顺时针方向旋转一周（具体操作按照说明书上的旋转周数执行）后，再继续使第一组数（12）对准固定盘上面的标线后再停止。

（2）以逆时针方向旋转使（34）对准上面标记线即可。

（3）以顺时针方向旋转使（56）对准上面标记线即停，此时密码锁开启完毕。

三组数码对号完成后，密码锁不要再动，继续顺时针转动至不能转动为止（具体操作按照说明书执行），然后将钥匙伸入锁孔内右旋（或左旋）开锁，扭动手柄外拉即可打开柜门。

（二）电子密码锁保险柜

电子密码锁保险柜是近几年来发展起来的，它通常将电子密码、IC 卡等智能控制方式的电子锁应用到保险柜中，通过键盘输入密码或以其他方式输入加密信息，并与已设置的密码或加密信息比对后，控制机电执行机构而完成开启、锁定动作的一种保险柜。由于其密码可以随意更改，操纵便利，因此，它是潮流趋势。

电子密码锁保险柜按照操作功能、开启方式和显示方式的不同，有以下几种分类方法：

（1）操作功能分类：密码型、磁卡型、指纹型、遥控型。

（2）开启方式分类：电磁铁型、电机型。

（3）显示方式分类：LCD 液晶显示、LED 液晶显示、指示灯显示。

国内大部分电子保险柜的开锁办法如下：

假设电子密码锁为四位数码锁，其密码锁的四组数码假设为（1）、（2）、（3）、（4）。其开启步骤具体如下：

（1）把主钥匙插入保险柜。

（2）输入用户密码"1"、"2"、"3"、"4"，显示屏会显示"****"。

（3）按"#"键（具体见各产品说明书），此时密码锁开启完毕。

四位数码对号完成后，将钥匙伸入锁孔内右旋（或左旋）开锁，扭动手柄外拉即可打开柜门。

（三）指纹密码锁保险柜

指纹密码锁保险柜利用自动指纹识别系统的原理，通过电子部件及机械部件的精密组合而生产出的安全产品。

指纹密码锁保险柜是利用识别指纹的方式打开，其重要的操作过程就是添加用户指纹，添加数量根据产品说明书而定，添加上的任意一枚指纹均可以打开保险柜。添加用户指纹的操作方法如下：

1. 系统首次添加用户指纹的操作步骤

按【添加键】进入用户添加模式，每一个用户的添加方式为同一枚手指连续按放手指 2 次，并提示"滴滴"两声短响、绿灯闪亮，表示一个用户的指纹添加成功。可以连续设置多枚指纹。

2. 系统再次添加用户指纹的操作步骤

首先用原来设置的指纹打开保险柜，再按门后的添加按钮，则进入用户添加状态，同一枚手指连续按放手指两次，并提示"滴滴"两声短响、绿灯闪亮，表示一个新的用户添加成功。

二、如何管理保险柜

出纳人员作为单位资金的管理者，一般由财务部授权，负责对保险柜进行使用和管理。因此，出纳人员应对保险柜进行严格的管理。一般来说，单位为加强对保险柜的使用和管理，会从以下几个方面着手：

1. 保险柜的密码设置

为了增加保险柜的安全系数，保险柜的密码设置应遵循位数长、数字重复率低的原则，这样保险柜的密码才不易破解，才能增加保险柜的防卫能力和安全度。

2. 保险柜的密码管理

为了加强保险柜密码设置的安全性，保险柜的密码不应当是一成不变的，如果不是固定密码的保险箱结构，那么就应当在以下情况下定期更换密码：

（1）保管的财物贵重程度高。

（2）出纳人员调动工作或者保管人员离职。

（3）出厂后的密码没有更改。

（4）财物管理人员的频繁调换。

（5）经常在多人情况下开启保险柜。

以上情况都容易造成密码泄露，因此，对保险柜定期更换密码能够使单位的财产安全得到保障。

3. 保险柜的钥匙管理

一般情况下，保险柜要配备两把钥匙，一把由出纳人员保管，供出纳人员日常工作开启使用；另一把由单位保卫部门负责保管，以备特殊情况下经批准后开启。出纳人员不能将保险柜钥匙交由他人保管，保卫部门也要对保险柜的钥匙妥善封存，并制定严格的封存制度，以防不法分子窃取钥匙打开保险柜，造成单位财物损失。

4. 保险柜的开启权限

保险柜的开启权限归出纳人员所有，也只能由出纳人员开启使用，非出纳人员不得开启保险柜。而且出纳人员也不得随意开启保险柜，在以下情况下可以开启保险柜：

（1）财务部长或单位财务主管领导需要检查库存现金额、核对实际库存现金数额时开启。

（2）其他特殊情况需要开启保险柜，经单位领导批准后，在有两人以上在场的情况下开启。

5. 保险柜的财物保管

按照规定，单位在保险柜中一般会留存一定额度的库存现金、空白支票、空白票据、财务章、人名章等，以便出纳人员办理各项业务。出于安全考虑，出纳人员在使用后应及时将这些财物放于保险柜内，绝对不能将其直接放在办公室抽屉中过夜。一般情况下，出纳人员每天下班前，应对以上财物进行清点和数目核对工作，以确保准确无误。此外，保险柜内只允许放单位规定的相关财物，禁止存放个人物品。

◇ 第4堂 出纳报告的编制

一、出纳报告的基本格式

在出纳报告单中，主要涉及期初余额、本期收入、合计、本期支出以及期末余额等项目。其基本格式如表3-1所示。

二、如何编制出纳报告

由于不同的单位对财务报告所体现的时期要求不同，因此，出纳应该与本单位会计协商好，根据会计出账的时间来确定编制出纳报告单的时间。

表 3-1　出纳报告单

单位名称：　　　　　　　　　　　　　　日期：自　年　月　日至　年　月　日

项目	库存现金									银行存款									备注
	千	百	十	万	千	百	十	元	角	分	千	百	十	万	千	百	十	元	角	分	
期初余额																					
本期收入																					
合计																					
本期支出																					
期末余额																					

财务主管：　　　　记账人员：　　　　出纳：　　　　复核：　　　　制单：

在出纳报告单的编制过程中，对各项目的编写要求如下：

1. 出纳报告单的编制周期

出纳报告单的报告期应与本单位总账会计汇总记账的步调保持一致。比如，本单位总账 10 天汇总一次，那么出纳报告单也要 10 天编制一次。

2. 期初余额

期初余额是指报告期前一期期末结存数，即本期报告期前一天的账面结存金额，同时也是上一期出纳报告单上面的"期末余额"数字。

3. 本期收入

由于资产类账户中，资产增加了记借方，因此，本期收入按账面本期合计借方数字填列。

4. 合计

合计是期初余额与本期收入的合计数字。

5. 本期支出

由于资产类账户中，资产减少了记贷方，因此，本期支出按账面本期合计贷方数字填列。

6. 期末余额

期末余额是指本期期末账面结存数字。它的计算公式为：

期末余额=合计数字−本期支出

期末余额必须与账面实际结存数一致。

三、银行存款余额调节表的编制

一般情况下，每月出纳人员都要将本单位开户银行的对账单与单位的银行存款日记账逐笔核对，以便使单位当月的银行存款收支达到账账相符。如果双方存款余额不符，就需要编制银行存款余额调节表。一般情况下，发生银行存款余额与本单位账上的存款余额不一致的情况如下：

（1）本单位已经收款入账，而银行尚未登记入账。这时会出现本单位银行存款日记账结存额大于银行对账单结存额的情况。

（2）银行已经收款入账，而本单位尚未登记入账。这时会出现银行对账单上的结存额大于本单位银行存款日记账结存额的情况。

（3）本单位已经付款入账，而银行尚未登记入账。这时会出现本单位银行存款日记账结存额小于银行对账单结存额的情况。

（4）银行已经付款入账，而本单位尚未登记入账。这时会出现银行对账单上的结存额小于本单位银行存款日记账结存额的情况。

对于核对出来的未达账项（这里所说的未达账项，是指一方已经登记入账，而另一方尚未入账的款项），单位应编制"银行存款余额调节表"，以检查双方的余额是否平衡。对未达账项进行余额调节的平衡公式为：

单位银行存款日记账余额+银行已收而单位未收的款项−银行已付而单位未付的款项=银行对账单余额+单位已收而银行未收的款项−单位已付而银行未付的款项

【例3-1】某文具制造股份有限公司2014年5月31日的银行存款日记账余额为279 300元，截至2014年5月31日的银行对账单的余额为273 500元。经核对，5月份有如下未达账项：

（1）公司于2014年5月4日开出支票购买原材料34 500元，公司根据支票存根和有关发票等原始凭证已记账，而收款人尚未到银行办理转账。

（2）公司的开户银行于2014年5月10日收进一笔托管的货款18 000元，银行已记账，而尚未通知公司。

（3）公司于2014年5月25日收到销售原材料收入53 400元的支票一张，单位根据支票已记账，而尚未到银行入账，银行未记账。

（4）公司的开户银行于2014年5月27日代公司支付当月水电费4 900元，银行已记账，而尚未通知到公司，公司未记账。

根据上述调查资料，按余额调节的平衡公式进行计算：

273 500+53 400−34 500=279 300+18 000−4 900

292 400=292 400

经调节双方余额相符，说明账务处理无差错，可据以编制2014年5月31日的"银行存款余额调节表"，如表3-2所示。

表3-2　银行存款余额调节表

2014年5月31日　　　　　　　　　　　　　　　　单位：元

项目	余额	项目	余额
银行对账单余额	273 500	公司银行存款日记账余额	279 300
加：公司收款而银行未收款的购货支票	53 400	加：银行收款而公司未收款的未达账项	18 000
减：公司付款而银行未付款的购买原材料款	34 500	减：银行付款为公司未付款的水电费	4 900
调节后的余额	292 400	调节后的余额	292 400

由于银行记账和单位记账的周期有一定的时间差，因此凡是有银行存款的业务，均有可能出现未达账项，因此，编制银行存款余额调节表也同样适用于其他类别的存款。

第4天 凭证的填写和管理

◇ 第1堂 认识会计凭证

一、会计凭证的概念和作用

（一）会计凭证的概念

会计凭证，简称凭证，是指记录经济业务发生或者完成情况的书面证明，是登记账簿的依据。会计人员运用专门的方法对发票、出库单、入库单等单据进行归类、整理后填制的记账凭证，统称为会计凭证。它不仅明确了经济责任，而且还组织协调经济活动，传输经济信息，是进行会计工作的重要手段。

出纳记账的依据是会计凭证，办理各项货币资金收付的依据也是会计凭证，出纳人员不但要受理和复核各种会计凭证，而且还要填制大量会计凭证来明确经济责任和传递会计信息。

（二）会计凭证的作用

为了全面真实地反映各种经济业务的实际发生情况，有必要在经济业务发生时取得或填制适当的会计凭证。会计凭证的作用归纳为以下三点：

1. 明确经济责任，强化内部控制

企业的任何经济业务发生后，不仅要取得或填制适当的会计凭证，证明经济业务已经发生或完成，同时还要由有关的经办人员在凭证上签字或盖章，以明确该经济业务的相关责任人。只有对会计凭证实行明确的责任制，才能促使经办部门和有关人员加强法律意识，照章办事，从而改进各部门的工作，进一步完善经济责任制。

2. 记录经济业务，提供记账依据

会计凭证是记账的依据，通过会计凭证的填制和审核，并按照一定的方法对会计凭证进行分类、整理和汇总，从而为会计记录提供真实、可靠的依据。

3. 监督经济活动，控制经济运行

通过对会计凭证的审核，可以检查企业发生的各项经济业务是否符合企业经营计划、目标，是否符合国家有关的法规、制度以及是否有助于提高经济效益，并及时发现经济管理中存在的问题，以确保经济业务的有效性、合法性和合理性。

二、会计凭证的基本分类

会计凭证的种类繁多，但就常用的会计凭证来说，按照填制程序和用途可分为原始凭证和记账凭证。

（一）原始凭证

原始凭证，亦称单据，是在经济业务发生时，由业务经办人员直接取得或者填制，用以记录和证明经济业务的发生和完成情况的原始记录。原始凭证是会计核算的初始资料，是编制记账凭证的主要依据，也是明确有关经济责任，具有一定法律效力的重要凭证。

凡是不能证明经济业务已经完成的文件或证明，也不能作为会计核算的依据。比如，购销合同、银行对账单、材料请购单、生产通知单、各种申请单、债权债务对账单等，均不能作为原始凭证。

（二）记账凭证

记账凭证，又称记账凭单，是指会计人员根据审核无误的原始凭证或账簿记录，按照经济业务的内容加以归类，并据以确定会计分录后所填制的书面凭证。

编制记账凭证，就是将纷繁复杂的原始凭证转化成分类有序的会计分录的过程，也是将普通的资金收付数据转化为经营决策者所需要的会计信息的过程。由于原始凭证的形式和格式多种多样，直接据以入账容易发生差错，因而在记账前，应根据原始凭证编制相应的记账凭证。

三、会计凭证设计的原则

设计会计凭证时，通常根据被设计单位的实际情况，对凭证的用途、内容、种类、格式、传递程序等做出科学的规划，并按照一定的方式绘制出科学、规范的格式，以便能真实、完整、及时地记录各项经济活动所需要的信息载体。此外，在设计会计凭证时，还需要考虑凭证的整理、审核、保管等问题。一般情况下，会计人员在设计会计凭证时应遵循的原则主要包括以下四个方面：

1. 经济性原则

设计者在设计会计凭证时，应遵循的经济性原则的内容如下：

（1）专用凭证的常用项目应事先印刷在凭证上，以免手写耽误时间并且影响整洁和美观。

（2）尽量考虑一证两用或多用，以便节约纸张和减少数字的转抄。比如，银行各种结算凭证既是原始凭证又是记账凭证等。

（3）凭证面积不宜过大或过小，因为过大会浪费纸张，增加了印刷成本，过小则不便于保管。因此，凭证面积以能充分反映业务内容为原则。

2. 统一性原则

统一性原则要求凭证的内容和格式应尽量做到统一和标准化。一个单位内部使用凭证的统一性，不仅包括凭证面积的标准化，而且还包括内容的统一。例如，收款凭证中会计科目栏称总账科目，而付款凭证中该栏又称一级科目，或者付款凭证面积小，收款凭证面积大，都是不符合统一性原则的。此外，全国性使用的凭证如增值税专用发票、车船票、机票等，有关部门设计时也应做到全国统一，不能大小不一、内容不同。贯彻统一性原则不仅使凭证内容更清晰，同时也便于装订和归档保存，还有利于机械化操作和在全国范围内传递及使用信息。

3. 清晰性原则

原始凭证是对经济业务的写实，记账凭证是对经济业务的科学分类，故设计者在设计会计凭证时，应遵循的清晰性原则的含义主要包括以下几个方面：

（1）凭证要素齐全。比如，在设计对外原始凭证中应设计凭证名称、填制日期、填制单位、接受单位、业务内容、数量、单价、计量单位、金额大写与小写、填制人签章等内容。

（2）凭证中设计的项目要能全面反映经济活动的真实情况。比如，经济活动的发生时间、地点、内容、责任等情况，使人们一看便知而不致产生疑问。

（3）经济活动的中心内容或主要内容应设计在凭证的重要位置。

（4）凭证颜色的设计要鲜明，易于区分不同用途的联次。比如，收款收据一般为三联，第一联给交款人，第二联记账，第三联为存根，各联颜色应有明显区别并标明各联联次。

（5）对记账凭证而言，科目对应关系要清楚，不仅要有总账科目的位置，还要有明细科目的位置。

4. 有利于加强经济核算和内部控制原则

自制的许多原始凭证是为加强经济核算和单位内部管理服务的，因此，设计人员在设计时应充分注意并贯彻落实这一原则。比如，产品加工单、职工考勤表、工时记录表、停工记录表、管理费用分配卡、产量记录表等内容的设计，都要便于各种核算、控制、分析和检查，以便满足管理的需要和内部控制的需要。

◇ 第 2 堂 原始凭证的填制与审核

一、原始凭证的内容和类型

（一）原始凭证的内容

会计人员必须认真填制原始凭证，原始凭证的内容应包括以下几个方面：

（1）原始凭证的名称。

（2）原始凭证的编号。

（3）填制原始凭证的日期。

（4）填制和接受原始凭证的单位名称。

（5）所涉及的经济业务内容以及经济业务的数量、单价、计量单位和金额等。

（6）填制单位和有关人员签章。

（7）凭证所需的附件。

（二）原始凭证的类型

出纳人员工作的第一步就是取得原始凭证，从而才能办理资金收付事项。但是由于各单位的性质不同，相应地其从事的经济业务的性质也各异，因而在办理具体的现金收付款业务时，所使用的原始凭证也有各自的特点。一般情况下，原始凭证可从凭证来源、格式和填制手续三方面进行分类，具体分类归纳如下。

1. 按照来源不同分类

按照原始凭证的来源不同，可分为外来原始凭证和自制原始凭证。

（1）外来原始凭证。

外来原始凭证指在经济业务发生或完成时，从其他单位或个人直接取得的原始凭证。其常见形式包括购货发票、收据、银行收付款通知单、飞机票和火车票票据等。

（2）自制原始凭证。

自制原始凭证指由本单位内部经办业务的部门和人员，在执行或完成某项经济业务时填制的、仅供本单位内部使用的原始凭证。常见形式包括收料单、领料单、产品入库单、产品出库单、成本计算单、开工单、销售发票等。

2. 按照格式不同分类

按照原始凭证的格式不同，可分为通用凭证和专用凭证。

（1）通用凭证。

通用凭证指由有关部门统一印制、在一定范围内使用的具有统一格式和使用方法的原始凭证。常见形式包括由银行统一印制的转账结算凭证或票款、增值税专用发票、收据等。

（2）专用凭证。

专用凭证指由单位自行印制、仅在本单位内部使用的原始凭证。常见形式包括领料单、收料单、成本计算单等。

3. 按照填制手续不同分类

按填制手续不同，原始凭证又可分为一次凭证、累计凭证和汇总凭证三种，这三种凭证是自制凭证的范畴。

（1）一次凭证。

一次凭证指一次填制完成、只记录一笔经济业务的原始凭证。一次凭证是一次有效的凭证。常见形式包括收料单、领料单、产品入库单、一般外来原始凭证等。

（2）累计凭证。

累计凭证指在一定时期内多次记录发生的同类型经济业务的原始凭证。常见形式包括限额领料单等。

（3）汇总凭证。

汇总凭证指对一定时期内反映经济业务内容相同的若干张原始凭证，按照一定标准综合填制的原始凭证。常见形式包括工资结算汇总表、差旅费报销单、发料凭证汇总表等。

二、填制原始凭证的要求

为了保证原始凭证能够准确、及时、清晰地反映各项经济业务活动的真实情况，提高会计核算的质量，并真正使其具有法律效力，原始凭证的填制和取得必须符合下面几点要求：

1. 记录要真实

原始凭证上填列的经济业务内容、数量、时间、地点以及经办人、验收人和负责人的经济责任等必须真实可靠，符合有关经济业务的实际情况和国家有关政策、法律法规以及制度的要求，不得弄虚作假，更不得伪造凭证。

2. 手续要完备

原始凭证为了明确经济责任，确保凭证的真实性，必须符合手续完备的要求，即原始凭证上要有经办人员或部门的签章，签章和使用要求主要包括以下几个方面：

（1）自制的原始凭证。

自制的原始凭证必须具有经办单位负责人的签名或盖章。

（2）对外开出的原始凭证。

对外开出的原始凭证必须加盖本单位的财务公章。

（3）从外单位取得的原始凭证。

从外单位取得的原始凭证必须盖有填制单位的公章，其中发票和收据必须盖有税务部门或财政部门的监制章。

（4）从外来个人处取得的原始凭证。

从外来个人处取得的原始凭证必须具有填制人员的签名或盖章。

（5）收、付款项的原始凭证。

收、付款项的原始凭证必须具有出纳人员的签名或盖章，并分别加盖"现金收讫"、"现金付讫"、"银行收讫"、"银行付讫"等专用章，转账凭证须加盖"转讫"章。

（6）支付款项的原始凭证。

支付款项的原始凭证必须有收款单位和收款人的收款证明。

（7）发生退货时的原始凭证。

发生退货时的原始凭证，除填制退货发票外，还必须有退货验收证明。

（8）发生退款时的原始凭证。

发生退款时的原始凭证必须取得对方的收款收据或者汇票银行的凭证，不得以退货发票代替收据。

（9）借款时填制的借款凭证。

借款时填制的借款凭证应把职工因出差借款等事由而填制的借款凭证附在记账凭证的后面。如果需要收回借款时，应当另外开具或退还借据副本，但不得退还原借款收据。

（10）经上级有关部门批准的经济业务事项的原始凭证。

经上级有关部门批准的经济业务事项的原始凭证应把批准的文件作为附件，倘若批准的文件需要单独归档，要在原始凭证上注明批准机关名称、文件字号和日期。

3. 内容要完整

原始凭证要求填列的经济业务的内容要齐全，不得简略或遗漏，经相关人员审查后，并签名盖章。

4. 编号要连续

各种原始凭证必须编号，以便日后查证。如果原始凭证的编号已经预先印制，在写坏作废时，应加盖"作废"戳记，并且作废的原始凭证要妥善保管，不得撕毁。

5. 书写要规范

原始凭证在填制时应按规定填写，文字要简洁，字迹要清楚，并易于辨认。原始凭证书写的具体要求如下：

（1）不得使用未经国务院公布的简化文字。

（2）填制原始凭证时，要用蓝黑墨水的钢笔或碳素笔书写。

（3）支票要用碳素墨水填写，并且两联或两联以上套写的凭证必须全部写透。

（4）需要复写的原始凭证可以使用蓝色或黑色圆珠笔和蓝色双面复写纸。

（5）按规定需要使用红色字时，可以使用红墨水；复写红字时，要用红圆珠笔和红色双面复写纸。

（6）在印有横格的会计资料中书写文字和数字时，一般应占空格的二分之一，不得写满格。

（7）在小写金额前面要填写人民币符号"¥"，人民币符号"¥"与阿拉伯数字之间不得留有空白。

（8）金额数字一律填写到分，无分角的写"00"或符号"-"，有角无分的只能在分位写"0"，不得用符号"-"代替。

（9）大写金额一律用正楷或行书字书写，还要使用汉字"壹、贰、叁、肆、伍、陆、柒、捌、玖、拾、佰、仟、万、亿、元、角、分、零、整"书写。

（10）大写金额前未印有"人民币"字样的应加写"人民币"三个字，"人民币"字样和大写金额之间不得留有空白。

（11）大写金额到元或角为止的后面要写"整"字，有分的则不写。

6. 不得涂改、刮擦、挖补

原始凭证有错误时，不得随意涂改、刮擦、挖补。随意进行涂改、刮擦、挖补的原始凭证视为无效凭证。如果原始凭证的记载内容有误，应当由出具单位重开或更正，更正处应当加盖出具单位印章。原始凭证金额有错误的，应当由出具单位重开，不得在原始凭证上更正，如果填写错误，应加盖"作废"戳记，重新填写。

7. 填制要及时

各类原始凭证一定要及时填写,并按规定的程序及时送到会计部门,由会计部门加以审核,并以此为依据填写记账凭证。

三、原始凭证的审核

对原始凭证进行审核,是确保会计数据质量的重要措施之一,也是会计机构、会计人员的重要职责。出纳人员必须进行严格审核,以确保原始凭证记录的真实可靠。

(一)《会计法》对审核原始凭证的规定

(1)会计机构、会计人员必须审核原始凭证,这是法定职责。

(2)会计机构、会计人员审核原始凭证应当按照国家统一的会计制度的规定进行,也就是说,会计机构、会计人员审核原始凭证的具体程序、要求,应当由国家统一的会计制度规定,会计机构、会计人员应当据此执行。

(3)会计机构、会计人员对不真实、不合法的原始凭证,有权不予受理,并向单位负责人报告,请求查明原因,追究有关当事人的责任。

(4)对记载不准备、不完整的原始凭证予以退回,并要求经办人员按照国家统一的会计制度的规定进行更正、补充,从而既明确了会计机构、会计人员的职责和要求,也明确了单位负责人、填制或取得原始凭证的经办人员的职责和要求。

(二)原始凭证审核的主要内容

原始凭证审核的主要内容包括以下五个方面:

1. 审核原始凭证的真实性

审核原始凭证的真实性主要包括以下几项内容:

(1)审查原始凭证上所有项目是否填全。

(2)审查原始凭证所反映的经济业务是否同实际情况相符。比如,购进货物的品种、规格、数量等是否和验收单相一致,审查销售货物的数量、品种、规格等是否和出库单相一致等。

(3)审查原始凭证的摘要、金额是否填写清楚。

（4）审查原始凭证的金额计算是否正确，金额大、小写是否一致。

（5）审查原始凭证上是否有相关人员或部门的签章。比如，审查有无伪造、变造凭证从中贪污等情况。

2. 审核原始凭证的正确性

审核原始凭证的正确性主要包括以下几项内容：

（1）审核原始凭证所填列的数字是否符合要求，包括数量、单价、金额以及小计、合计等填写是否清晰。

（2）审核原始凭证在计算方面是否存在失误。

（3）审核原始凭证是否用复写纸套写，有无涂改、刮擦、挖补等弄虚作假行为。

（4）对于发票，应特别注意其金额（包括合计数）计算是否准确，大写金额和小写金额是否相符。

（5）对于发票上的字迹特别是金额数字有无涂改痕迹，复写的字迹和颜色是否一致，正面和反面的对照有无"头小尾大、头大尾小"情况。

3. 审核原始凭证的完整性

审核原始凭证的完整性主要是检查内容是否填写齐全，手续是否完备，经办人是否签字或盖章以及有无未填或填写不清楚的现象。对出纳人员而言，在具体审核过程中，应注意如下几个方面：

（1）对于自制的原始凭证，应审查填写是否齐全，有关人员是否签章，是否经有权批准人员批准，等等。

（2）对于外来的原始凭证，应审查本单位办理手续是否齐备，比如货物是否经过验收，发票、收据等是否经过有关人员复核，是否经过领导批准，报销时有关经办人员是否签章等。

（3）对于外来发票和收据，应注意审查凭证上单位名称、发票抬头、品名、计量单位、数量、单价、总金额等各项内容是否齐全，是否有单位财务专用章或发票专用章，是否有税务机关的发票监制章。

4. 审核原始凭证的合法性

审核原始凭证的合法性主要包括以下几项内容：

(1) 原始凭证所反映的经济业务是否符合国家颁发的有关财经法规、财会制度，是否有违法乱纪等行为。比如，付出现款是否符合现金管理规定，费用开支是否符合开支标准、开支范围的财务规定等。

(2) 审核原始凭证本身是否具有合法性，比如，任何企业、单位购进物品、材料，委外加工、运输、建筑安装以及其他服务，都必须取得对方开具税务局规定的统一发票；对方是行政事业单位开具的收费、收款收据，要符合本地财政局的规定等。

5. 审核原始凭证的合理性

审核所发生的经济业务是否有利于提高经济效益、是否符合反对浪费和厉行节约的原则以及有无违反该原则的现象等。比如，经审核后，对陈旧过时的设备进行大修理，以及确定有突击使用预算结余购买不需要的物品等违反上述原则的情况，则该凭证不能作为原始凭证。

◇ 第3堂　记账凭证的填制与审核

一、记账凭证的内容和类型

(一) 记账凭证的内容

各企业根据自身经济业务的特点，可以设置不同格式的记账凭证。但是无论哪种格式的记账凭证，都要具备以下一些基本内容，以保证全面、准确地核算经济业务。记账凭证的内容必须具备以下几个要素：

(1) 记账凭证的名称。

(2) 记账凭证的编号。

(3) 记账凭证的填制日期。

(4) 经济业务的内容摘要。

(5) 经济业务所涉及的会计科目。

(6) 经济业务所涉及的记账方向。

(7) 经济业务事项的金额。

（8）所附原始凭证的张数。

（9）财务主管、制单、审核、记账、出纳等相关人员的签名或盖章。

（二）记账凭证的类型

记账凭证种类繁杂，一般情况下，按其填列方式、记录的经济内容和是否经过汇总三方面进行分类，具体的凭证类型如下：

1. 按填列方式分类

按记账凭证的填列方式可分为单式记账凭证和复式记账凭证。两种记账凭证的具体内容如下：

（1）单式记账凭证。

单式记账凭证是指按照一项经济业务所涉及的每个会计科目单独编制的记账凭证，每张记账凭证中只登记一个会计科目。采用这种方式的记账凭证便于分工记账和按科目汇总，有利于加强内部控制。但是由于凭证张数多，不仅不易保管，而且工作量较大，因此，使用单式记账凭证的单位较少。

（2）复式记账凭证。

复式记账凭证是指将每一项经济业务所涉及的会计科目集中到一起，填列在一张记账凭证上的一种凭据。它可以在一张凭证上集中记录某项经济业务所涉及的全部账户及其对应关系，能够比较完整地反映每一项经济业务的全貌，而且填写方便，有利于凭证的分析、审核和保管，但不利于记账和汇总。

2. 按记录的经济内容分类

按记账凭证所记录的经济内容可分为专用凭证和通用凭证。两种记账凭证的具体内容如下：

（1）专用凭证。

专用记账凭证又根据所反映的经济业务是否与货币有关可分为收款凭证、付款凭证和转账凭证。三种专用凭证的具体内容如下：

①收款凭证。收款凭证指用以反映货币资金收入业务的记账凭证，它是根据货币资金收入业务的原始凭证填制而成的。该凭证左上角的借方科目分别为"库存现金"和"银行存款"，主要分为现收和银收两种。

②付款凭证。付款凭证指用以反映货币资金支出业务的记账凭证，它是根据

货币资金支出业务的原始凭证编制而成的。该凭证左上角的贷方科目分别为"库存现金"和"银行存款",主要分为现付和银付两种。

③转账凭证。转账凭证指用以反映与货币资金无关的转账业务的凭证,它是根据有关转账业务的原始凭证或记账凭证填制而成的。该凭证左上角没有固定的科目,而且有关签章没有"出纳"。

(2) 通用凭证。

通用凭证是指反映各类经济业务共同使用的统一格式的记账凭证。该凭证适合规模较小、经济业务简单的单位。

3. 按是否经过汇总分类

按是否经过汇总分为汇总记账凭证和非汇总记账凭证。

(1) 汇总记账凭证。

汇总记账凭证是指根据一定时期内同类记账凭证定期加以汇总而重新编制的记账凭证。该凭证主要包括汇总收款凭证、汇总付款凭证、汇总转账凭证以及科目汇总表等。

(2) 非汇总记账凭证。

非汇总记账凭证是指只包括一笔会计分录的记账凭证。该凭证主要包括收款记账凭证、付款记账凭证、转账记账凭证和通用记账凭证等。

二、填制记账凭证的要求

记账凭证是登记账簿的依据,正确、及时、完整地填制记账凭证是会计核算中的基础环节之一,是提供会计信息的保证。填制记账凭证应符合以下几个方面的要求:

1. 分类正确

分类正确是根据经济业务的内容,正确区别和应用不同类型的原始凭证和会计科目。然后再根据每一张原始凭证填制记账凭证,或者根据原始凭证汇总表填制,也可以根据若干张同类原始凭证汇总编制,但不能将不同内容和类别的原始凭证汇总填制在一张记账凭证上。

2. 内容完整

记账凭证应该包括的内容都要具备。记账凭证填制完经济业务事项后，如有空行，应当在金额栏的最后一笔金额数字下空行处至合计数上的空行处划线注销。

3. 填制日期

填制记账凭证的日期应以财会部门受理会计事项的日期为准，一般为编制记账凭证当天的日期。按权责发生制原则计算收益、分配费用、结转成本利润等调整分录和结账分录的记账凭证，虽然需要到下个月才能编制，但仍应填写当月月末的日期，以便在当月的账内进行登记，而且日期的年、月、日应全写。

4. 连续编号

记账凭证应连续编号，不得漏号、重号、错号。这有利于分清会计事项处理的先后，便于记账凭证与会计账簿之间进行核对，确保记账凭证的完整。记账凭证编号的方法有多种，一般包括以下两种：

（1）按现金收付、银行存款收付和转账业务三类别编号，即"现字第×号"、"银字第×号"、"转字第×号"。

（2）按现金收入、现金支出、银行存款收入、银行存款支出和转账五类进行编号，即"现收字第×号"、"银收字第×号"、"现付字第×号"、"银付字第×号"、"转字第×号"。

各单位应当根据本单位业务繁简程度、人员多寡和分工情况来选择便于记账、查账、内部稽核、简单严密的编号方法。无论采用哪一种编号方法，每月都要从1号编起，顺序编至月末。

5. 填写摘要

"摘要"栏是对经济业务的简要说明，要求文字简练、概括，能满足登记账簿的要求。而且摘要应与原始凭证内容一致，能正确反映经济业务的主要内容，表述简洁精练。

6. 附件完整

为了证明记账凭证的真实性和合法性，同时也为了方便相关人员进行核查，应附上原始凭证的有关附件，每张凭证还要注明附件张数，以备查考。一般情况下，除结账和更正错误，记账凭证必须附有原始凭证并注明原始凭证的张数。

7. 书写规范

填制会计凭证，字迹必须清晰、工整，并符合下列要求：

（1）阿拉伯数字应当一个一个地写，不得连笔写。阿拉伯金额数字前面应当书写货币币种符号或者货币名称简写和币种符号。币种符号与阿拉伯金额数字之间不得留有空白。凡阿拉伯数字前写有币种符号的，数字后面不再写货币单位。

（2）所有以元为单位（其他货币种类为货币基本单位，下同）的阿拉伯数字，除表示单价等情况外，一律填写到角分；若无角位、分位的，角位和分位可写"00"，或者符号"--"；有角无分的，分位应当写"0"，不得用符号"-"代替。

（3）汉字大写数字金额如零、壹、贰、叁、肆、伍、陆、柒、捌、玖、拾、佰、仟、万、亿等，一律用正楷或者行书体书写，不得用〇、一、二、三、四、五、六、七、八、九、十等简化字代替，不得任意自造简化字。大写金额数字到元或者角为止的，在"元"或者"角"字之后应当写"整"字或者"正"字；大写金额数字有分的，分字后面不写"整"或者"正"字。

（4）大写金额数字前未印有货币名称的，应当加填货币名称，货币名称与金额数字之间不得留有空白。

（5）阿拉伯金额数字中间有"0"时，汉字大写金额要写"零"字；阿拉伯数字金额中间连续有几个"0"时，汉字大写金额中可以只写一个"零"字；阿拉伯金额数字元位是"0"，或者数字中间连续有几个"0"、元位也是"0"但角位不是"0"时，汉字大写金额可以只写一个"零"字，也可以不写"零"字。

8. 审核无误

对原始凭证审核无误的基础上填制记账凭证。这是内部控制制度的一个重要环节。

9. 签名盖章

实行会计电算化的单位，其机制记账凭证应当符合对记账凭证的一般要求，出纳人员也要认真审核，做到会计科目使用正确，数字准确无误。记账凭证上还要加盖制单人员、审核人员、记账人员和会计主管人员等所涉及的相关人员的印章或者签字，以明确经济责任。

三、记账凭证的审核

（一）记账凭证的审核内容

记账凭证是根据审核无误的原始凭证加以归类整理后而编制的，为了保证账簿登记的正确性，监督款项的收付，在记账凭证填制后，必须经过审核无误后，才能据以登记账簿。记账凭证审核的主要内容包括：

1. 内容是否真实

对已填制好的、作为登记账簿依据的会计凭证的内容进行审核，其真实性的审核主要包括：

（1）原始凭证的内容是否符合现行会计制度、财务管理制度和凭证填制的规定及要求。

（2）审核记账凭证是否附有原始凭证，原始凭证是否齐全。

（3）记账凭证所记录的经济业务与所附原始凭证所反映的经济业务是否相符，附件张数是否与填写一致。

（4）审查单位在会计核算上是否存在弄虚作假、徇私舞弊等问题。

2. 科目是否正确

审核会计科目的运用是否正确，经济业务的性质和内容是否符合有关会计准则和会计制度的规定，借贷方向是否正确，总账科目和明细账科目是否填列齐全。

3. 项目是否齐全

审核会计项目主要包括记账凭证的基本要素是否完整，有无缺少或空白。审核记账凭证的项目是否齐全主要是看填制日期、编号、业务内容摘要、附原始凭证张数、会计科目及其借贷方向、填制、出纳、复核及会计主管人员的签章等是否清晰、准确。

4. 金额是否正确

审查金额的正确性主要关注如下几项内容：

（1）审查科目对应关系及借、贷金额是否正确，两类科目的金额是否平衡。

（2）核对记账凭证与对应的账簿记录是否一致，有无出入或账证不符的情况。

（3）复核记账凭证的单价、数量和明细金额、合计金额是否正确，有无多计、少计和误计的现象。

5. 记录是否一致

将记账凭证中填写的各项目与所附的原始凭证核对，视其数量、金额、摘要等是否一致，有无证证不符的现象。

6. 书写是否规范

审核记账凭证中记录是否文字工整、数字清晰，是否符合规定使用蓝黑墨水，是否按规定正确更正等。根据财政部《会计基础工作规范》第五十一条第五项的规定，若记账发生差错，应按如下要求处理：

（1）如果在填制记账凭证时发生错误，应当重新填制。

（2）已经登记入账的记账凭证，在当年内发现填写错误时，可以用红字填写一张与原内容相同的记账凭证，在摘要栏注明"注销某月某日某号凭证"字样，同时再用蓝字重新填制一张正确的记账凭证，注明"订正某月某日某号凭证"字样。

（3）如果会计科目没有错误，只是金额错误，也可以将正确数字与错误数字之间的差额，另编一张调整的记账凭证，调增金额用蓝字，调减金额用红字。发现以前年度记账凭证有错误的，应当用蓝字填制一张更正的记账凭证。

7. 手续是否齐全

审核各级负责人和有关经办人的签章是否齐备，其会计责任是否明确，有无手续不清、责任不明的现象。

（二）审核记账凭证的方法

对记账凭证进行审核的主要方法有审阅法、查询法、核对法以及其他方法等。

1. 审阅法

审阅法是对记账凭证的重要部位进行技术观察和审视，为了增强查找舞弊的准确性，提高审查的工作效率，审查人员可以首先采取此方法。该方法审核的具体内容包括：

（1）记账凭证的外在形式。

审阅记账凭证的外在形式，看其基本要素有无粗糙、模糊之处，是否表达清楚，其手续是否完备，填制的经手人和复核人是否签章。

（2）会计科目的编号。

审查人员要对记账凭证所采用的科目编号进行查对，检查是否有混淆不同会计科目的顺序及其编号，还要审查填制凭证的操作程序有无错误，操作后有无存盘或保留必要的备份。

（3）记账凭证的摘要。

审查记账凭证的摘要能否说明经济业务的轮廓和梗概，有无似是而非之处。

（4）记账凭证所载的会计分录。

审查记账凭证所载会计分录应包括的内容如下：

（1）核对所运用的会计科目是否正确，能否反映原始凭证所载的经济业务。

（2）核对其对应关系是否明确，指向是否清楚。

（3）核对一级科目、二级科目层次是否分明，所涉金额是否无误。

2. 查询法

查询法是指审查人员针对记账凭证中出现的异常和可疑之处，向被查单位当事人、有关操作人员或者知情人进行公开、当面或秘密询问。查询中应查清记账凭证中出现的各种问题，并取得有关问题的证据材料。

查询也包括函询，函询分为积极和消极两种方式。函询对象一般是开具凭证的经办人、出具原始凭证的单位、被查单位的货主或者客户等。

3. 核对法

审核人员在初步审阅时发现了异常或疑点，应立即将记账凭证的可疑之处或疑点与原始凭证进行进一步核对。核对的内容主要包括以下几个方面：

（1）核对会计科目核算的经济内容与原始凭证是否相符。

（2）核对记账凭证中的借贷方金额是否与原始凭证相符。

（3）对附有多张原始凭证的情形，应对其进行加总验证，不但要核对数量、金额，而且要核对其业务内容、凭证张数、业务发生的时间等。

（4）核对汇总记账凭证与分录记账凭证合计数是否相符。

（5）核对记账凭证与明细账、日记账及总账，看其是否相符，是否存在矛盾的地方。

审查人员如果发现了以上错误或明显的矛盾且不能正常解释的异常凭证，应做进一步的查询。

4. 其他方法

在记账凭证检查中，审查人员还应该综合使用其他的技术方法，下面具体介绍常见的一些使用方法。

（1）内查外调法。

内查外调法是指对在被查单位内部无法查清楚的特殊凭证，向有关单位和个人进行调查寻访，以收集外部审查证据。

（2）经验判断法。

经验判断法是指对记账凭证错误和舞弊的动因与根源进行分析和判断，界定其对相关业务及会计资料的影响。

（3）比较分析法。

比较分析法是对原始凭证和记账凭证填制的时间、业务发生地点、所涉及的数量、金额等进行分析，与其他正常业务凭证进行对比，找出可疑凭证的破绽，然后再对比发生误差的凭证，分析并找出错误和舞弊的共性。

（4）计算统计法。

计算统计法是指对记账凭证发生舞弊的概率进行分析，计算出凭证舞弊所涉的金额。

◇ 第4堂 会计凭证的装订与保管

一、会计凭证的整理和装订

（一）会计凭证的整理

会计凭证包括原始凭证和记账凭证，整理好原始凭证对整理记账凭证的工作有很大的促进作用。对会计凭证的整理工作，主要包括以下几个方面：

（1）对会计凭证进行分类整理，按凭证编号顺序排列，检查凭证上的日期、编号等内容是否齐全。

（2）按凭证汇总日期归集（如按上、中、下旬汇总归集）确定装订成册的本数。对于数量过多的原始凭证，如收料单、发料单等，可以按上述要求单独装订成册。

（3）摘除凭证中的金属物，比如订书钉、回形针、大头针等。

（4）凭证以左上对齐为准，对大的张页或附件要折叠成与记账凭证大小一致，且要避开装订线，以便翻阅，保持数字完整。

（5）整理检查凭证顺序号，如有颠倒要重新排列，发现缺号要查明原因。

（6）检查附件是否漏缺，领料单、入库单、工资、奖金发放单是否随附齐全。

（7）记账凭证上有关人员（如财务主管、复核、记账、制单等）的印章是否齐全。

（8）填写会计凭证封面，在会计凭证封面上应注明单位名称、年度、月份、本月共几册、本册是第几册、记账凭证的起讫编号、张数，并由会计主管和装订人分别签名或盖章。

（9）加封面封底，并在封面上注明记账凭证日期、编号，如果存放在其他类会计档案中，还要在记账凭证上注明"附件另订"、原始凭证名称和原始凭证编号。

（二）会计凭证的装订

装订就是将一扎一扎的会计凭证装订成册，从而方便保管和利用。一般情况下，会计凭证每月装订一次，每月订成一册或若干册。凭证少的单位，可以将若干个月份的凭证合并成一册，在封皮注明本册所含的凭证月份。而且装订好的凭证一般是按月保管归档。

1. 会计凭证装订前的要求

出纳人员在对会计凭证装订之前，要设计一下本月的记账凭证究竟订成几册为宜。而且每册的厚薄应基本保持一致，不能把应属一份记账凭证附件的原始凭证拆开装订在两册之中，装订好的会计凭证要做到既美观大方又便于翻阅。

2. 会计凭证装订时的要求

（1）凭证外面要加封面，封面纸用上好的牛皮纸印制，封面规格略大于所附记账凭证。

(2) 装订凭证时应使用棉线,用"三针引线法"装订,即在整理成册的凭证左上角部位打上三个针眼,实行三眼一线打结,结扣应是活的,并放在凭证封皮的里面。

(3) 装订时尽可能缩小所占部位,使记账凭证及其附件保持尽可能大的显露面,以便于事后查阅。

(4) 装订凭证厚度一般以 1.5~2.0 厘米为宜。这样既可保证装订牢固和美观大方,又便于翻阅核查。

3. 会计凭证装订后的注意事项

(1) 每本封面上填写好凭证种类、起止号码、凭证张数、会计主管人员和装订人员签章。

(2) 在封面上编好卷号,按编号顺序入柜,并要在显露处标明凭证种类编号,以便于调阅。

二、会计凭证的传递和保管

(一) 会计凭证的传递

会计凭证的传递是指会计凭证从取得或填制时起,经过审核、记账、装订到归档保管时止,在单位各有关部门和人员之间按规定的时间、路线办理业务手续和进行传递的程序和环节。

1. 会计凭证传递的作用

正确组织会计凭证的传递,对于及时处理和登记经济业务,实行会计监督,明确经济责任,具有重要作用。

2. 会计凭证传递的注意事项

组织会计凭证传递时,必须遵循内部牵制的原则,力求做到及时反映,并记录经济业务。会计凭证在传递过程中应注意以下几点:

(1) 规定会计凭证在每一传递环节上停留的时间。

在整个会计凭证的传递时间内,一切会计凭证的传递和处理,要根据各个环节办理经济业务所必需的时间,合理规定凭证在各个环节停留的时间,以确保凭证及时传递，不得积压、不得跨期，否则势必影响会计核算的正确性和及时性。

(2) 严格控制会计凭证的传递流程。

会计凭证在传递过程中，应根据每种经济业务的特点、经营管理的需要、内部组织机构以及人员分工情况，严格控制会计凭证的传递手续和经由的必要环节，并据之恰当规定会计凭证的份数，做到让各有关部门和人员能即时了解经济业务的情况，及时办理凭证手续，又避免凭证传递经过不必要的环节，以便有效地提高工作效率。

(3) 建立会计凭证交接的验收制度。

会计凭证的签收、交接应当制定必要的制度，以保证会计凭证的安全与完整。

(二) 会计凭证的保管

根据《会计基础工作规范》第五十五条的规定，会计机构、会计人员要妥善保管会计凭证。会计凭证的保管要注意以下事项：

(1) 会计凭证应当及时传递，不得积压。

(2) 会计凭证登记完毕后，应当按照分类和编号顺序保管，不得散乱丢失。

(3) 记账凭证应当连同所附的原始凭证或者原始凭证汇总表，按照编号顺序，折叠整齐，按期装订成册，并加具封面，注明单位名称、年度、月份和起讫日期、凭证种类、起讫号码，由装订人在装订线封签外签名或者盖章。

(4) 对于数量过多的原始凭证，可以单独装订保管，在封面上注明记账凭证日期、编号、种类，同时在记账凭证上注明"附件另订"和原始凭证名称及编号。

(5) 各种经济合同、存出保证金收据以及涉外文件等重要原始凭证，应当另编目录，单独登记保管，并在有关的记账凭证和原始凭证上相互注明日期和编号。

(6) 原始凭证不得外借，其他单位如因特殊原因需要使用原始凭证时，经本单位会计机构负责人、会计主管人员批准，可以复制。向外单位提供的原始凭证复制件，应当在专设的登记簿上登记，并由提供人员和收取人员共同签名或者盖章。

(7) 从外单位取得的原始凭证如有遗失，应当取得原开出单位盖有公章的证明，并注明原来凭证的号码、金额和内容等，由经办单位会计机构负责人、会计主管人员和单位领导人批准后，才能代作原始凭证。如果确实无法取得证明的，如火车、轮船、飞机票等凭证，由当事人写出详细情况，由经办单位会计机构负责人、会计主管人员和单位领导人批准后，代作原始凭证。

三、如何销毁会计凭证

为了加强会计档案管理，统一会计档案管理制度，更好地为发展社会主义市场经济服务，销毁会计凭证应根据《中华人民共和国会计法》和《中华人民共和国档案法》的规定进行。

1. 销毁会计凭证的程序

对于保管期满的会计凭证，均可以按照以下程序销毁：

（1）由本单位档案机构会同会计机构提出销毁意见，编制会计档案销毁清册，列明销毁会计档案的名称、卷号、册数、起止年度和档案编号、应保管期限、已保管期限、销毁时间等内容。

（2）单位负责人在会计档案销毁清册上签署意见。

（3）销毁会计档案时，应当由档案机构和会计机构共同派员监销。国家机关销毁会计档案时，应当由同级财政部门、审计部门派员参加监销。财政部门销毁会计档案时，应当由同级审计部门派员参加监销。

（4）监销人在销毁会计档案前，应当按照会计档案销毁清册所列内容清点核对所要销毁的会计档案；销毁后，应当在会计档案销毁清册上签名盖章，并将监销情况报告本单位负责人。

2. 不得销毁的会计凭证

有些会计凭证可以按以上程序进行销毁工作，但是按照国家规定，凡属于以下情况之一的会计凭证不得销毁：

（1）保管期满但未结清的债权债务原始凭证和涉及其他未了事项的原始凭证，不得销毁，应当单独抽出立卷，保管到事项完结时为止。单独抽出立卷的会计档案，应当在会计档案销毁清册和会计档案保管清册中列明。

（2）正在项目建设期间的建设单位，其保管期满的会计档案不得销毁。

第5天 账簿的填写和管理

◇ 第1堂 认识会计账簿

一、会计账簿的概念和作用

(一) 会计账簿的概念

会计账簿简称账簿,是由一定格式的账页组成的,依据经过审核的会计凭证来登记,全面、系统、连续地记录单位各项经济业务事项的簿籍。会计账簿是记录单位经营成果和财务状况的主要依据,同时也是会计报表编制的主要依据。它主要反映了单位货币资金的流动方向,也为单位的领导人做出下一步决策提供可靠的数据依据,同时也是单位向国家报告其经营状况的主要凭证。

(二) 会计账簿的作用

会计账簿的作用主要表现在以下五个方面:

(1) 会计账簿为编制会计报表提供依据。会计账簿的登记是否正确、完整,直接影响财务报表的质量。

(2) 会计账簿可以为经济管理提供系统、连续和全面的会计信息,反映各单位的资金运动情况以及资金、负债的变化,并监督资金的合理使用。

(3) 会计账簿可以保护单位财产物资的安全性和完整性,加速单位资金周转的速度。

(4) 会计账簿可以为使用者提供各项资金、成本和利润指标,用以考核资金、成本和利润计划的执行情况,并评价单位的经营成果。

（5）依据会计账簿，可以分析单位的经营状况，督促单位改善经营管理，提高资金使用效益。

二、会计账簿的分类

单位的每一个会计主体，为了系统、连续和全面地反映相关的会计信息，必须设置会计账簿。但是，由于各个单位的实际情况不同，其进行财务处理时账簿的表现形式、内容、用途和登记方式也各式各样。为了清楚地掌握会计账簿与单位经济业务之间的对应关系，以构成完整的账簿体系，必须对会计账簿进行分类。会计账簿按照不同的分类标准，其分类情况大致如下：

（一）按照账簿的用途分类

会计账簿按用途分类，主要分为分类账簿、序时账簿和备查账簿三种，其具体内容如下：

1. 分类账簿

分类账簿是指根据经济业务的不同种类，将全部业务或某类具体业务进行分类登记的账簿。它的特点是能系统、全面地反映单位各项经济活动，是单位必设的会计账簿。该账簿主要适用于总分类账和明细分类账。总分类账和明细分类账如表5-1、表5-2所示。

表5-1　总分类账

第　页

日期	凭证号数	摘要	对方科目	借方	贷方	借或贷	余额

表 5-2　明细分类账

账户名称：　　　　　　　　　　　　　　　　　　　　　　　　　　　第　　页

日期	凭证号数	摘要	借方	贷方	借或贷	余额

2. 序时账簿

序时账簿又称日记账，它的特点是逐日逐笔登记单位的各项交易或者事项，也是单位必设的会计账簿。该账簿主要适用于库存现金日记账和银行存款日记账。日记账格式如表5-3所示。

表 5-3　日记账

　　　　　　　　　　　　　　　　　　　　　　　　　　　　　　　　第　　页

日期	凭证号数	摘要	对方科目	收入	支出	余额

3. 备查账簿

备查账簿是一种辅助账簿，其格式和登记方式没有固定要求，该账簿单位可以设置，也可以不设置，主要适用于租入固定资产登记簿、受托加工材料登记簿等。

（二）按照账簿的外表形式分类

会计账簿按外形特征分类，主要分为活页式账簿、订本式账簿和卡片式账簿三种，具体内容如下：

1. 活页式账簿

活页式账簿简称活页账，它是在启用前和使用过程中把账页置于活页账夹内，可以随时取放账页的账簿。该账簿的特点是可以灵活使用，便于分工记账，但是其安全性较差。为了克服此缺点，使用活页账时必须要求按账页顺序编号，期末装订成册，加编目录。活页式账簿主要适用于各种明细账。

2. 订本式账簿

订本式账簿简称订本账，它是在启用前就已经按顺序编号并固定装订成册的账簿。该账簿的特点是安全性好，但是不便于分工记账。一般情况下，订本式账簿适用于现金日记账、银行存款日记账和总分类账。

3. 卡片式账簿

卡片式账簿简称卡片账，卡片账是由许多具有账页格式的硬纸卡片组成，存放在卡片箱中的一种账簿。该账簿的特点与活页账相同，都是安全性差，但是便于分工记账。卡片式账簿适用于固定资产、存货等实物资产的明细分类核算。

（三）按照账簿的账页格式分类

会计账簿按账页格式分类，主要分为两栏式账簿、三栏式账簿、多栏式账簿和数量金额式账簿四种，具体内容如下：

1. 两栏式账簿

两栏式账簿只有借方和贷方两个基本金额栏目，一般情况下，我国单位不采用这种方式的账簿。

2. 三栏式账簿

三栏式账簿只提供价值核算信息，不提供其他核算信息，它主要适用于现金日记账、银行存款日记账、总账和债权债务明细账。一般情况下，在经营过程中的现金或银行存款收入日记账采用如表 5-4 所示的格式。

3. 多栏式账簿

多栏式账簿在借方和贷方栏内需要分设若干专栏，它主要适用于收入明细账、成本明细账和费用明细账。

4. 数量金额式账簿

数量金额式账簿中设置有数量、单价、金额三个项目栏，既能提供价值信

表 5-4 现金收入日记账

第　　页

日期	收款凭证	摘要	贷方科目			收入合计	支出合计	余额
			银行存款	其他应收款	营业外收入			

息，又能提供数量信息，它主要适用于原材料、库存商品等存货明细账。

三、会计账簿的内容

单位由于各项交易或事项的差异，账簿的格式和种类很多，但是，各类账簿的主要内容大致相同。一般情况下，账簿都应具备封面、扉页和账页三项基本内容。

1. 封面

封面，主要标明账簿的名称，比如现金日记账、银行存款日记账、总分类账以及各种明细分类账等。一般情况下，单位至少应设置 4 本账簿。

2. 扉页

扉页，主要用来标明会计账簿的使用信息。比如科目索引、账簿启用和经管人员一览表（即"会计账簿启用登记表"）。单位在活页账、卡片账装订成册后，要在会计账簿的扉页上填写会计账簿启用和经管人员一览表，格式详见下面章节。

3. 账页

账页，是账簿用来记录经济业务事项的载体。账页内的基本内容主要包括账户的名称、登记账户的日期栏、凭证种类和号数栏、摘要栏（记录经济业务内容的简要说明）、金额栏（记录经济业务的金额增减变动情况）、总页次和分户页次等。

四、会计账簿的启用

会计账簿是记录单位各项交易或事项的主要依据。新单位纳税人应当在领取营业执照15日内按照规定设置各类相关账簿。账簿在启用时有一定的要求,具体要求的内容主要包括以下几个方面:

(1)启用会计账簿时,应当在账簿封面上写明单位名称和账簿名称,在账簿扉页上应当附启用表,填写启用日期、账簿页数、记账人员和会计机构负责人、会计主管人员姓名,并加盖名章和单位公章。

(2)记账人员或者会计机构负责人、会计主管人员调动工作时,应当注明交接日期,并由交接双方和监交人员签名或者盖章。

(3)日记账必须采用订本式账簿,在启用订本式账簿时,应当从第一页到最后一页顺序编定页数,不得跳页、缺号。

(4)使用活页式账簿,应当按账户顺序编号,并须定期装订成册。装订后再按实际使用的账页顺序编定页码,另加目录,标明每个账户的名称和页次,以加强账簿的安全性。

出纳在启用账簿时,应在账簿的扉页上填写"会计账簿启用及经管人员一览表"或"会计账簿使用登记表",而且必须对该表的各项内容如实填写,不得出现漏填或误填的现象。一般情况下,"会计账簿使用登记表"的格式如表5-5所示。

表5-5 会计账簿使用登记表

会计账簿使用登记表					
使用者名称					印鉴
账簿名称		账簿编号			
账簿页数		账簿册数			
单位名称		启用日期			
责任者	主管	会计		记账人员	审核
经管人姓名及交换日期	经管人姓名	经管日期		移交日期	
	接管人姓名	接管日期		移交日期	

续表

经管人姓名及交换日期	接管人姓名	接管日期	移交日期	
	接管人姓名	接管日期	移交日期	
备注				

五、登记会计账簿的要求

会计账簿的设置和启用环节完成之后，就可以在会计账簿上对单位的各项经营活动进行登记。出纳人员在登记会计账簿时，应当根据审核无误的会计凭证登记会计账簿。登记会计账簿的基本要求如下：

（1）登记会计账簿时，应当将会计凭证日期、编号、业务内容摘要、金额和其他有关资料逐项记入账内。

（2）在登记会计账簿时要做到数字准确、摘要清楚、登记及时、字迹工整。

（3）登记完毕后，要在记账凭证上签名或者盖章，并标注符号，表示已经记账。

（4）账簿中书写的文字和数字上面要留有适当空格，不要写满格；一般应占格距的1/2。

（5）登记账簿要用蓝黑墨水或者碳素墨水书写，不得使用圆珠笔或者铅笔书写。

（6）下列情况，可以用红色墨水记账：

①以红字冲账的记账凭证，冲销错误记录。

②在不设借贷等栏的多栏式账页中，登记减少数。

③在三栏式账户的余额栏前，如未印明余额方向的，在余额栏内登记负数余额。

④根据国家统一会计制度的规定可以用红字登记的其他会计记录。

（7）各种账簿按页次顺序连续登记，不得跳行、隔页。如果发生跳行、隔页，应当将空行、空页划线注销，或者注明"此行空白"、"此页空白"字样，并由记账人员签名或者盖章。

（8）凡需要结出余额的账户，结出余额后，应当在"借或贷"等栏内写明"借"或者"贷"等字样。没有余额的账户，应当在"借或贷"等栏内写"平"字，并在余额栏内用"0"表示。现金日记账和银行存款日记账必须逐日结出余额。

（9）每一账页登记完毕结转下页时，应当结出本页合计数及余额，写在本页最后一行和下页第一行有关栏内，并在摘要栏内注明"过次页"和"承前页"字样；也可以将本页合计数及金额只写在下页第一行有关栏内，并在摘要栏内注明"承前页"字样。

（10）对需要结计本月发生额的账户，结计"过次页"的本页合计数应当为自本月初起至本页末止的发生额合计数；对需要结计本年累计发生额的账户，结计"过次页"的本页合计数应当为自年初起至本页末止的累计数；对既不需要结计本月发生额也不需要结计本年累计发生额的账户，可以只将每页末的余额结转次页。

（11）实行会计电算化的单位，总账和明细账应当定期打印。发生收款和付款业务的，在输入收款凭证和付款凭证的当天，必须打印出现金日记账和银行存款日记账，并与库存现金核对无误。

六、核对会计账簿的要求

会计账簿是单位重要的会计档案和历史资料，各单位应当定期对会计账簿记录的有关数字与库存实物、货币资金、有价证券、往来单位或者个人等进行相互核对，保证账证相符、账账相符、账实相符。对账工作每年至少进行一次，具体要求如下：

1. 账证核对

核对会计账簿记录与原始凭证、记账凭证的时间、凭证字号、内容、金额是否一致，记账方向是否相符。

2. 账账核对

核对不同会计账簿之间的账簿记录是否相符，包括：总账与明细账核对；总账与日记账核对；会计部门的财产物资明细账与财产物资保管和使用部门的有关明细账核对；另外，对于设置的各类辅助账簿，还必须定期与相应的明细账核对，如《工程款历次支付情况表》中的每次结算合计数，需与相应的"建筑安装工程"科目的明细账核对。

3. 账实核对

核对会计账簿记录与财产等实有数额是否相符。包括：现金日记账账面余额与现金实际库存数相核对；银行存款日记账账面余额定期与银行对账单相核对；各种财物明细账账面余额与财物实存数额相核对；各种应收、应付款明细账账面余额与有关债务、债权单位或者个人核对等。

◇ 第2堂 认识现金日记账

一、什么是现金日记账

现金日记账是单位重要的经济档案之一，它是用来核算和监督库存现金每天的收入、支出和结存情况的账簿。现金日记账由出纳人员根据审核无误的现金收款凭证、现金付款凭证、银行存款凭证以及银行付款凭证等有关的记账凭证，顺时逐笔登记，并随时结记余额。为了确保账簿的安全、完整，现金日记账必须采用订本式账簿。

现金日记账的设置可以方便各单位逐日核算和监督现金的收入、支出和结余情况。可以这样说，单位只要有现金收付业务发生，就必须设置现金日记账，还应做到收付有记录，钱账一致，以账管钱，以保证现金的合理使用和安全完整。现金日记账一般采用三栏式账页登记，即借方、贷方和余额三栏，分别用来反映库存现金的收入、付出及结余情况。其一般格式如表5-6所示。

二、登记现金日记账的要求

出纳人员在登记现金日记账时，应遵循一定的基本要求，具体内容如下：

（1）登记时必须在会计凭证上注明账簿的页数，或画"√"符号（表示已经

表 5-6　现金日记账

年	凭证编号	摘要	对应科目	借方 百 十 万 千 百 十 元 角 分	√	贷方 百 十 万 千 百 十 元 角 分	√	余额 百 十 万 千 百 十 元 角 分
月 日								

登记入账），按照账簿中账页页码顺序逐页逐项逐行登记，以防漏记、重记和错记的情况发生。若在登记时不小心出现空行或隔页的现象，应用红线对角划掉，并由记账人员盖章。

（2）对于有问题的凭证，出纳人员应拒绝入账。

（3）出纳人员在具体登记现金日记账时，必须根据复核无误的收付款记账凭证记账，将会计凭证的日期、种类和编号、业务的内容摘要、金额等逐项记入账内。

（4）现金日记账所记载的内容，比如会计科目、借贷方向等，必须同会计凭证相一致，不得随意增减。

（5）每一笔账都要写明记账凭证的日期、编号、摘要、金额和对应科目等，须做到数字准确、摘要清楚、登记及时、字迹工整。

（6）出纳人员在记账时，应使用钢笔或蘸水笔，用黑色或者蓝色墨水书写，不得使用铅笔或圆珠笔（银行的复写账簿除外）书写。

（7）登记文字和数字时，字符尽量占行高的 1/2，主要为以后更改留下空隙。

（8）为了提供在法律上有证明效力的核算资料，保证日记账的合法性，账簿记录不得随意涂改，严禁刮、擦、挖、补或使用化学药物清除字迹。记录出现差错时，必须根据差错的具体情况采用划线更正、红字更正、补充登记等方法更正。

（9）现金日记账必须逐日结出余额，每月月末必须按规定结账。

（10）现金收、付业务频繁的单位，应随时结出余额，以掌握收、支计划的执行情况。

（11）账页登记满时，应在最下面一行"摘要"栏中注明"过次页"的字样，还要在新一页账页的"摘要"栏中注明"承前页"的字样。

（12）每月月底结账时，在各账户的最后一笔数字下画单红线，表示当月账目登记结束，并在"摘要"栏中注明"本月合计"字样。在单红线下分别结出本月借方发生额、贷方发生额和期末余额，填入单红线下"余额"一栏中，若无余额，应在"余额"一栏中"元"位上写"0"。

（13）每年年底结账时，应在最后一笔账目记录下画双红线，表示"封账"，在"摘要"栏中注明"本年合计"，并在双红线下分别结出借方、贷方总金额，算出每年年底结余，填入双红线下"余额"一栏中，若无余额，应在"余额"一栏中"元"位上写"0"。

（14）每年更换新账簿时，必须在最上面一行"摘要"栏注明"上年结转"或"年初余额"的字样，并将上一年余额记入"余额"栏中。

（15）年度结账后，根据各账户的年末余额过入新账簿，结转下一年度。

三、现金日记账的登记方法

为了加强对单位现金的监管，现金日记账采用订本式账簿。在出纳的日常工作中，现金日记账的登记是必须要知道的常识性知识。出纳人员在登记现金日记账的过程中，除了要遵循账簿登记的基本要求外，还要特别注意以下栏目的填写方法：

1. 凭证编号

"凭证编号"栏中应填入据以登账的会计凭证类型及编号。比如，单位采用通用凭证格式，根据记账凭证登记现金日记账时，填入"记×号"；单位采用专用凭证格式，根据现金收款凭证登记现金日记账时，填入"收×号"。

2. 日期

"日期"栏中填入的应为登记账簿的会计凭证上的日期，现金日记账一般依据记账凭证登记。因此，此处日期为编制该记账凭证的日期，不能填写原始凭证上记载的发生或完成该经济业务的日期，也不是实际登记该账簿的日期。

3. 摘要

"摘要"栏简要说明入账的经济业务的内容,力求尽量做到简明扼要。

4. 借方、贷方

"借方金额"栏、"贷方金额"栏应根据相关凭证中记录的"库存现金"科目的借贷方向及金额记入。

5. 对应科目

"对应科目"栏应填入会计分录中"库存现金"科目的对应科目,用以反映库存现金增减变化的来龙去脉。在填写对应科目时,应注意以下三点:

(1) 对应科目只填总账科目,不需填明细科目。

(2) 当对应科目有多个时,应填入主要对应科目,比如销售产品收到现金,则"库存现金"的对应科目有"主营业务收入"和"应交税费",此时可在对应科目栏中填入"主营业务收入",在借方金额栏中填入取得的现金总额,而不能将一笔现金增加业务拆分成两个对应科目金额填入两行。

(3) 当对应科目有多个且不能从科目上划分出主次时,可在对应科目栏中填入其中金额较大的科目,并在其后加上"等"字。例如用现金1 000元购买零星办公用品,其中600元由行政管理部门负担,400元由车间负担,则在现金日记账"对应科目"栏中填入"管理费用等",在贷方金额栏中填入支付的现金总额1 000元。

6. 余额

在"余额"这一栏中,应该根据"本行余额=上行余额+本行借方-本行贷方"公式计算,然后填入其中。

在一般情况之下,单位的库存现金不允许出现贷方余额,正因为如此,现金日记账余额栏前未印有借贷方向,其余额方向默认为借方。若在登记现金日记账过程中,由于登账顺序等特殊原因出现了贷方余额,则在余额栏用红字登记,表示贷方余额。

出纳人员要熟练掌握现金日记账的登记方法,以便于在工作中更好地把握现金账目的安全性,保证单位资金安全的同时,也能够让自己的工作得到上级的认可。

四、核对现金日记账的要求

各单位应当定期对现金日记账进行核对,核对时主要从账证核对、账账核对和账实核对三个方面进行,核对时如果发生差错,要立即按规定的方法更正。以下是对各方面核对时的具体要求。

1. 账证核对

账证核对是现金日记账与现金收付款凭证相核对。核对的内容及要求如下:

(1) 核对凭证编号的一致性。

(2) 复查记账凭证与原始凭证,看两者是否完全相符。

(3) 核对账证金额与方向的一致性。

2. 账账核对

账账核对是现金日记账与现金总分类账的期末余额相核对。由于现金日记账是根据收、付款凭证逐笔登记;现金总分类账是根据收付款凭证汇总登记,两者的记账根据相同,记录的期末余额也应完全一致。

3. 账实核对

账实核对是现金日记账的余额与实际库存数额相核对。为了保证账实相符,出纳人员对单位现金的管理要做到日清月结,而且还要在每天下班之前核对当天现金日记账的账面余额与库存现金的实有数是否完全相符。

出纳人员在实际工作中,如果有些现金收付款凭证在当天来不及登记,一般采取的方法是通过库存现金实地盘点法查对。在进行核对时,应按如下公式:

现金日记账账存余额=现金日记账账面余额+收入凭证未记账-支出凭证未记账

对库存现金进行实地盘点清查完毕后,出纳人员要编制库存现金盘点表。库存现金盘点表的一般格式如表5-7所示。

表5-7 库存现金盘点表

单位名称: 盘点日期: 年 月

清点现金	日		日		日		日	
面值	数量	金额	数量	金额	数量	金额	数量	金额
100元								

续表

清点现金	日		日		日		日	
面值	数量	金额	数量	金额	数量	金额	数量	金额
50元								
20元								
10元								
5元								
1元								
5角								
2角								
1角								
实点合计								
现金日记账账面余额								
加：收入凭证未记账								
减：支出凭证未记账								
调整后现金余额								
差额								

◇ 第3堂　出纳错账的查找与更正

一、出现错账的原因

　　记账是一项既严谨又细致的工作，而保证账簿记录的正确无误是出纳人员记账的基本要求。但是，在实际的记账过程中，出纳人员由于各种原因可能使会计账簿发生一些错误。比如，出纳人员在每日或每月结账时，特别是在每日结账时，会发现现金日记账期末余额与总账期末余额不符合的情况，或现金日记账的期末余额与期初余额加本期收入总数减本期支出总数的合计数不符，或现金日记账的期末余额与库存现金实有数不符，或银行存款日记账的期末余额与银行对账单的期末余额不符等情况。一旦发生上述情况，出纳人员应采用正确的方法迅速查明原因，按规定方法予以更正。

　　书写会计凭证和账簿时，出纳人员容易犯哪些错误呢？归纳起来一般有以下几种：

1. 科目或账户记错

科目或账户记错是指出纳人员在登记账簿时将科目或账户搞错。例如，本应该在银行存款日记账中登记的交易或者事项，则记入了现金日记账中。

2. 方向记错

方向记错是指出纳人员在登记账簿时把账簿中借方和贷方的记账方向颠倒，即把借方记成贷方或把贷方记成借方。此外，把应记的蓝字的数字误记为红字，或者把应记的红字数字误记为蓝字，也属于记账方向错误的一种。

3. 漏记

漏记是指出纳人员在登记账簿时将某一张记账凭证上的金额数字遗漏，未记入账簿。

4. 重记

重记是指将已经记入账簿的金额数字，又重复记入账簿。

5. 邻位数字颠倒

邻位数字颠倒是指出纳人员在登记账簿时将一个数字中的相邻两位数字颠倒登记。例如，把 36 900 元登记为 39 600 元，把 4 320 元登记为 3 420 元等。

6. 数字移位

数字移位是指出纳人员在登记账簿时将数字位数或小数点向前或向后移动。例如，把 10 000.00 元登记为 1 000.00 元，把 900 000.00 元登记为 9 000 000.00元。

7. 计算错误

计算错误是指出纳人员在结账时由于数字打错，从而导致计算结果出错。

8. 其他错误

例如，记账不规范、书写不清晰等错误。

二、查找错账的方法

出纳人员在结账和对账时，首先应了解有可能出现错账的几种原因，然后再选择正确的方法查找错账。为了使记账人员能及时、迅速地查找出账簿记录中的错误原因，出纳人员必须掌握查找错账的技术。下面介绍几种常用的查找错账的方法。

（一）全面检查法

错账的全面检查法包括顺查法和逆差法，具体操作方法如下：

1. 顺查法

顺查法主要适用于期末对账簿进行全面核对和不规则错误的查找上。该方法全面按照记账程序（编制凭证→登记账簿→结算余额）进行逐笔检查。

2. 逆查法

逆查法主要适用于对由于某种原因造成后期产生差错的可能性较大的情况。该方法与顺查法相反，首先检查科目余额表中数字的计算是否正确，其次检查各账户计算是否正确，再次核对各账簿与会计凭证是否相符，最后检查记账凭证和原始凭证是否相符。

（二）个别检查法

错账的个别检查法主要包括除二法、除九法以及差数法，具体的操作方法如下：

1. 除二法

除二法主要适用于方向记错（借贷方记反或红蓝字记反）的查找上。该方法有一个特定的规律，即错账差数一定是偶数，根据错账的差数被二除尽的商在账簿中进行查找，以确定错账，这是一种最常见而简便的查错账方法。例如，某月利润表借贷的两方余额不平衡，其错账差数是 9 473.42 元，由于这个差数是偶数，它就存在方向记错的可能，那么首先用 9 473.42/2=4 736.71 元，然后再去查找 4 736.71 元这笔账是否方向记错就可以了。但是，如果错账差数是奇数，那就没有记账方向错误的可能，就不适用于"除二法"来查。

2. 除九法

除九法主要适用于查找数字错位和邻位数字颠倒而引起的错误。该方法也有一个特定的规律，即错账差数一定是九的倍数和差数每个数字之和也是九的倍数，以确定错账。

在日常记账中常会发生数字移位、前后两个数字颠倒和前后三个数字颠倒的错误，这类情况均可应用"除九法"来查找。下面分三种情况来介绍：

第一种情况是数字移位：

数字移位是出纳人员在日常工作中较容易发生的记账差错。它除了有错账差数和差数每个数字之和是九的倍数的特点外，还有其他固定的特点，即将错账差数用九除得的商就是错账数。例如，10 000 错记为 100 000，它的错账差数是 90 000，它的错账差数和每个数字之和都是九的倍数，而且将差数用九除得的商则是 10 000，只要查找到"10 000"这个数字就能查到记账移位的错误了。

第二种情况是前后两个数字颠倒：

前后两个数字颠倒的记账差错，它除了错账差数和差数每个数字之和是九的倍数的特点外，也还有其他固有的特点，即错账差数用九除得的商是错账数前后两数之差。错账差数列举如下（注意：这里的"倒数"是数字的个位和十位颠倒的数字）：

（1）错数前后两数之差是 1。

例如，错账差数是 9，则 9/9=1，那么错数前后两数之差是 1，其错账数是 10、21、32、43、54、65、76、87、98 及其各"倒数"，无需在与此无关的数字中去查找。

（2）错数前后两数之差是 2。

例如，错账差数是 18，则 18/9=2，那么错数前后两数之差是 2，其错账数是 20、31、42、53、64、75、86、97 及其各"倒数"，无需在与此无关的数字中去查找。

（3）错数前后两数之差是 3。

例如，错账差数是 27，则 27/9=3，那么错数前后两数之差是 3，其错账数是 30、41、52、63、74、85、96 及其各"倒数"，无需在与此无关的数字中去查找。

（4）错数前后两数之差是 4。

例如，错账差数是 36，则 36/9=4，那么错数前后两数之差是 4，其错账数是 40、51、62、73、84、95 及其各"倒数"，无需在与此无关的数字中去查找。

（5）错数前后两数之差是 5。

例如，错账差数是 45，则 45/9=5，那么错数前后两数之差是 5，其错账数是 50、61、72、83、94 及其各"倒数"，无需在与此无关的数字中去查找。

（6）错数前后两数之差是 6。

例如，错账差数是 54，则 54/9=6，那么错数前后两数之差是 6，其错账数是 60、71、82、93 及其各"倒数"，无需在与此无关的数字中去查找。

（7）错数前后两数之差是 7。

例如，错账差数是 63，则 63/9=7，那么错数前后两数之差是 7，其错账数是 70、81、92 及其各"倒数"，无需在与此无关的数字中去查找。

（8）错数前后两数之差是 8。

例如，错账差数是 72，则 72/9=8，那么错数前后两数之差是 8，其错账数是 80、91 及其各"倒数"，无需在与此无关的数字中去查找。

（9）错数前后两数之差是 9。

例如，错账差数是 81，则 81/9=9，那么错数前后两数之差是 9，其错账数是 90 及其各"倒数"，无需在与此无关的数字中去查找。

第三种情况是前后三个数字颠倒：

前后三个数字颠倒的记账差错，它除了错账差数和差数每个数字之和是九的倍数的特点外，也同样具有其他固定的特点，即三位数前后颠倒的错账差数都是 99 的倍数，差数用 99 除得的商即是三位数中前后两数之差。知道错误之后，进一步判断错在哪一笔业务上就可以了。查账差数列举如下（注意：这里的"倒数"是数字的个位和百位颠倒的数字）：

（1）三位数头与尾两数之差是 1，那么数字颠倒后的差数是 99，例如，100-001、211-112、221-122、334-433、445-544、655-556、766-667、889-988、998-899 等。

（2）三位数头与尾两数之差是 2，那么数字颠倒后的差数则是 99×2=198，例如，200-002、220-022、311-113、466-664、557-755、775-577、886-688、997-799 等。

（3）三位数头与尾两数之差是 3，那么数字颠倒后的差数则是 99×3=297，例如，300-003、330-033、441-144、552-255、663-366、744-447、885-588、996-699 等。

（4）三位数头与尾两数之差是 4，那么数字颠倒后的差数则是 99×4=396，例如，400-004、440-044、551-155、662-266、773-377、844-448、955-559等。

（5）三位数头与尾两数之差是5，那么数字颠倒后的差数则是99×5=495，例如，500-005、550-055、661-166、722-227、833-338、944-449等。

（6）三位数头与尾两数之差是6，那么数字颠倒后的差数则是99×6=594，例如，600-006、660-066、771-177、882-288、993-399等。

（7）三位数头与尾两数之差是7，那么数字颠倒后的差数则是99×7=693，例如，700-007、770-077、881-188、992-299等。

（8）三位数头与尾两数之差是8，那么数字颠倒后的差数则是99×8=792，例如，800-008、880-088、991-199等。

（9）三位数头与尾两数之差是9，那么数字颠倒后的差数则是99×9=891，例如，900-009、990-099等。

由此可见，"9"是个奇妙的数字，它的奇妙之处除了上面两位数与其"倒数"的差数和三位数字与其"倒数"的差数是9的倍数，数字与其移位后的数字的差数也是9的倍数。其实任何数字与其"倒数"的差数都是9的倍数，而且任何四位顺序数与其"倒数"之差都是3 087；任何五位数顺序数与其"倒数"之差都是41 976；任何六位数顺序数与其"倒数"之差都是530 865；任何七位数顺序数与其"倒数"之差都是6 419 754……这些都说明了"9"的奇妙之处。而出纳人员在查找错账的时候，也往往利用"9"的奇妙。因此，除九法在查找错账中的地位不可小觑。

3. 差数法

差数法主要用于查找重记或漏记的错误。它是根据错账的差数进行查找，以确定错账的一种方法。例如，会计凭证上记录的是：

借：应交税费——营业税　　　　　　　　　4 780
　　　　——城市维护建设税　　　　　　　976.5
　　　　——个人所得税　　　　　　　　　900
　　其他应交税费——教育费附加　　　　　139.5
　贷：银行存款　　　　　　　　　　　　　6 796

假如出纳人员在记账时漏记了教育费附加139.5元，那么在进行应交税费总账和明细账核对时，就会出现总账借方余额比明细账借方余额多 139.5 元的现象。对于类似差错，应由出纳人员通过回忆相关金额的记账凭证进行查找。

三、更正错账的要求

会计账簿登记要求正确、及时和完整，使提供的会计信息便于使用者使用。因此，出纳人员必须认真、细致地做好记账工作。如果会计账簿记录发生错误，那么必须遵循一定的规则进行更正，而不准涂改、挖补、刮擦或者用药水消除字迹，也不准重新抄写。更正会计账簿时必须按照下列要求进行：

（1）登记账簿时发生错误，应当将错误的文字或者数字划红线注销，但必须使原有字迹仍可辨认。

（2）在画线上方填写正确的文字或者数字，并由记账人员在更正处盖章。

（3）对于错误的数字，应当全部划红线更正，不能只更正其中的错误数字。

（4）对于文字错误，可只划去错误的部分。

（5）由于记账凭证错误而使账簿记录发生错误，应当按更正的记账凭证登记账簿。

（6）由于确认、计量等方面的原因而使账簿记录发生错误，在本期发现与本期相关的，应调整本期相关项目。

（7）在本期发现与前期相关的，如影响已交付使用资产价值，应将其影响数通知资产接收单位并调整发现当期会计报表相关项目的期初数；如不影响已交付使用资产价值，应调整本期相关项目。

四、更正错账的方法

出纳人员在登记会计账簿的时候，很可能会出现重记、漏记、文字或数字记录错误的情况。针对不同的出错原因，更正账簿有不同的方法。一般情况下，错账更正的方法包括划线更正法、红字更正法和补充登记法等。

1. 划线更正法

出纳在记账后，发现凭证正确，但是文字或数字登记错误，导致账簿记录有错，这时应采用划线更正法，其具体操作步骤如下：

（1）在错误的数字或文字上划一条红线，表示注销，并保证原来的字迹仍可辨认。

（2）在划线上方空白处用蓝字填写正确的数字或文字。

（3）为了明确责任，必须在更正处加盖更正人员的印章，方可有效。

【例5-1】某文具制造股份有限公司的出纳人员在现金日记账上登记一笔2014年6月15日提取现金的经济业务时，不小心把记账凭证中提取的现金额69 400元，误写成96 400元。后来出纳在审查的时候发现此项错误，用划线更正法更正此错账，更正的方法如表5-8所示。

表5-8 用划线更正法更正的现金日记账

2014年		凭证编号	摘要	借方								√	贷方								√	余额							
月	日			百	十	万	千	百	十	元	角	分		百	十	万	千	百	十	元	角	分		百	十	万	千	百	十	元	角	分
6	15	5	取现			6	9	4	0	0																					
						~~9~~	~~6~~	~~4~~	~~0~~	~~0~~																					

注意：

（1）错误的数字必须全部划掉，比如上例中，应将错误的"96 400"上整个划单红线，而不能只划"96"两个数字。

（2）由于本书采用黑白印刷，因此，更正时所划的红线以黑线显示。

2. 红字更正法

出纳在记账后，发现记账凭证中会计科目、记账方向或者记录金额有错误（即所记金额大于应记金额），这时应采用红字更正法。

红字更正法的具体操作步骤如下：

（1）用红字填制一张与原来错误相同的记账凭证，登记入账，表示是冲销原来错误的记账凭证。

— 117 —

（2）用蓝字填制一张正确的记账凭证，登记入账。

注意：填写"重填某月某日第×号凭证"时，只需要填写一张红字凭证冲销即可。

如果发现记录金额有错误（即所记金额大于应记金额）时，红字更正法的具体操作步骤是将多记的金额用红字编制一张记账凭证（其内容摘要以及借贷方向均与原记账凭证相同），以冲销多记的金额。

3. 补充登记法

出纳人员在记账后，发现记账凭证中应借、应贷科目和借贷方向均无错误，但所记金额小于应记金额，这时应采用补充登记法。其具体的操作步骤是把少记金额用蓝字编制一笔与原始凭证相同的记账凭证，"摘要"栏内写明"补记某月某日第×号凭证少记金额"。

第6天 现金的收支与管理

◇ 第1堂 认识现金管理知识

一、现金的概念和现金管理内容

（一）现金的概念

"现金"一词依据国际惯例解释，是指随时可作为流通和支付手段的票证。由此可见，只要具有购买和支付能力，不论是否是法定货币或信用票据，均可视为现金。现金在理论上有狭义和广义之分。广义上的现金包括库存现款和视同现金的各种银行存款、流通证券等；狭义上的现金主要是指单位所拥有的硬币、纸币，即由单位出纳人员保管、作为零星业务开支之用的库存现款。而在我国所采用的是狭义的概念。

出纳中的现金又称库存现金，是指存放在单位财务部门，并由出纳人员保管的货币，包括库存的人民币和各种外币。现金是单位流动性最大的一种货币资金，在商品经济社会中，商品和劳务的交换都必须通过货币计量来进行，比如随时用以购买所需物资、支付日需零星开支、支付职工薪资、偿还债务等。

（二）现金管理的内容

出纳人员对现金的管理和使用负有直接的、重要的职责。要想切实完成现金管理，保证资金的利用率，最基础的就是了解现金管理的内容，该内容主要包括以下几个方面：

1. 规定现金的使用范围

按照我国的《现金管理暂行条例》第五条规定，开户单位可以在下列范围内使用现金：

（1）职工工资、各种工资津贴。

（2）个人劳动报酬，包括稿费和讲课费及其他专门工作的报酬。

（3）支付给个人的奖金，包括根据国家规定颁发给个人的科学技术、文化艺术、体育等各种奖金。

（4）各种劳保、福利费以及国家规定的对个人的其他支出，如转业、复员、退伍、退职、退休费和其他按规定发给个人的费用。

（5）向个人购买农副产品和其他物资支付的价款。

（6）出差人员必须随身携带的差旅费。

（7）支付各单位间在转账结算起点（1 000元）以下的零星支出。

（8）中国人民银行确定需要支付现金的其他支出。

凡是不属于现金结算范围的，应通过银行进行转账结算。

2. 现金日常收支管理

（1）出纳人员应严格按照国家有关现金管理的规定，办理现金的日常收支业务。

（2）出纳人员必须在现金使用范围内支付现金或从银行提取现金，但不得从本单位的现金收入中直接支付（坐支）。

（3）单位应定期向开户银行报送坐支金额和使用情况，如果遇到特殊情况需要坐支现金的，应当事先报经开户银行审查批准，由开户银行核定坐支范围和限额。

（4）各开户单位的库存现金都要核定限额。库存现金限额应由开户单位提出计划，报开户银行审批。经核定的库存现金限额，开户单位必须严格遵守。单位的库存现金不得超过银行核定的限额，超过部分必须及时存入银行，不得随意挪动库存现金。

（5）出纳人员从银行提取现金时，应当在取款凭证上写明具体用途，并由财会部门负责人签字盖章，交开户银行审核后方可支取。

（6）现金收入应于当日送存银行，如果当日送存银行确有困难，由银行确定送存时间。

（7）有些时候单位必须使用现金时，比如因采购地点不固定，交通不便，生产或者市场急需，抢险救灾以及其他单位情况，出纳人员应当提出申请，经开户银行审核批准后，方可支付现金。

（8）单位必须建立健全的现金账目，逐笔登记现金收入和支出，做到账目日清日结，账款相符。

3. 保管库存现金、有价证券、印章和空白收据

（1）对于现金和各种有价证券的管理，出纳人员要确保其安全性和完整性，若丢失或短缺，出纳人员要负责赔偿。

（2）出纳人员要严格管理保险柜密码，保管好钥匙，不得随意转交给他人。

（3）出纳人员要妥善保管好单位的印章，还要严格按照规定的用途使用。

（4）对于单位的空白收据，出纳人员必须严格管理，专设登记簿登记，并认真办理领用和注销手续。

4. 登记现金日记账

（1）出纳人员不得同时兼管收入、费用、债权、债务账簿的登记工作和会计档案管理工作。

（2）出纳人员应根据已办理完毕的收付款凭证，逐笔逐次登记现金日记账。

（3）对于当日的收支款项，出纳人员必须当日入账，并结算出余额。

（4）每天下班前，出纳人员应核对现金的账面余额与实际的库存现金是否一致，如有差错，应找出原因，及时更正。

二、现金管理的原则

单位只有加强现金管理，才能在激烈的竞争中立于不败之地，并保持可持续发展能力。按照国家颁布的《中华人民共和国现金管理暂行条例》第十二条及其实施细则的规定，开户单位必须建立健全现金账目，逐笔记载现金收付，账目要日清月结，做到账款相符。此外，还要遵守"八不准"的现金管理原则。该原则的具体内容如下：

（1）不准用不符合财务制度的凭证顶替库存现金。

（2）不准单位之间相互借用现金。

（3）不准谎报用途套取现金。

（4）不准利用银行账户代其他单位和个人存入或支取现金。

（5）不准将单位收入的现金以个人名义存入储蓄。

（6）不准保留账外公款（即小金库）。

（7）不准发行变相货币。

（8）不准以任何票券代替人民币在市场上流通。

三、现金管理制度

为改善现金管理，促进商品生产和流通，加强对社会经济活动的监督，制定现金管理制度。在实际工作中，出纳人员应严格按照该管理制度做好现金的日常管理工作。现金管理制度具体包括以下几方面的内容：

（一）使用范围

凡在银行和其他金融机构（以下简称开户银行）开立账户的机关、团体、部队、企业、事业单位和其他单位（以下简称开户单位），必须依照《现金管理暂行条例》的规定收支和使用现金，接受开户银行的监督。国家鼓励开户单位和个人在经济活动中，采取转账方式进行结算，减少使用现金。开户单位之间的经济往来，除按本条例规定的范围可以使用现金外，应当通过开户银行进行转账结算。

（二）现金管理和监督

（1）各级人民银行应当严格履行金融主管机关的职责，负责对开户银行的现金管理进行监督和稽核。开户银行依照本条例和中国人民银行的规定，负责现金管理的具体实施，对开户单位收支、使用现金进行监督管理。

（2）对开户单位使用范围内的现金，除向个人收购农副产品和其他物资的价款和出差人员必须随身携带的差旅费外，开户单位支付给个人的款项，超过使用现金限额的部分，应当以支票或者银行本票支付；确需全额支付现金的，经开户银行审核后，予以支付现金。

（3）转账结算凭证在经济往来中，具有同现金相同的支付能力。开户单位在销售活动中，不得对现金结算给予比转账结算优惠待遇；不得拒收支票、银行汇票和银行本票。

（4）机关、团体、部队、全民所有制和集体所有制单位事业单位购置国家规定的专项控制商品，必须采取转账结算方式，不得使用现金。

（5）开户银行应当根据实际需要，核定开户单位三天至五天的日常零星开支所需的库存现金限额。边远地区和交通不便地区的开户单位的库存现金限额，可以多于五天，但不得超过十五天的日常零星开支。

（6）经核定的库存现金限额，开户单位必须严格遵守。需要增加或者减少库存现金限额的，应当向开户银行提出申请，由开户银行核定。开户单位现金收支应当依照下列规定办理：

①开户单位现金收入应当于当日送存开户银行。当日送存确有困难的，由开户银行确定送存时间。

②开户单位支付现金，可以从本单位库存现金限额中支付或者从开户银行提取，不得从本单位的现金收入中直接支付（即坐支）。因特殊情况需要坐支现金的，应当事先报经开户银行审查批准，由开户银行核定坐支范围和限额。坐支单位应当定期向开户银行报送坐支金额和使用情况。

③开户单位根据本条例第五条和第六条的规定，从开户银行提取现金，应当写明用途，由本单位财会部门负责人签字盖章，经开户银行审核后，予以支付现金。

④因采购地点不固定，交通不便，生产或者市场急需，抢险救灾以及其他特殊情况必须使用现金的，开户单位应当向开户银行提出申请，由本单位财会部门负责人签字盖章，经开户银行审核后，予以支付现金。

（7）开户单位应当建立健全现金账目，逐笔记载现金支付。账目应当日清月结，账款相符。

（8）对个体工商户、农村承包经营户发放的贷款，应当以转账方式支付。对确需在集市使用现金购买物资的，经开户银行审核后，可以在贷款金额内支付现金。

(9) 在开户银行开户的个体工商户、农村承包经营户异地采购所需货款，应当通过银行汇兑方式支付。因采购地点不固定，交通不便必须携带现金的，由开户银行根据实际需要，予以支付现金。未在开户银行开户的个体工商户、农村承包经营户异地采购所需货款，可以通过银行汇兑方式支付。凡加盖"现金"字样的结算凭证，汇入银行必须保证支付现金。

(10) 具备条件的银行应当接受开户单位的委托，开展代发工资、转存储蓄业务。

(11) 为保证开户单位的现金收入及时送存银行，开户银行必须按照规定做好现金收款工作，不得随意缩短收款时间。大中城市和商业比较集中的地区，应当建立非营业时间收款制度。

(12) 开户银行应当加强柜台审查，定期或不定期地对开户单位现金收支情况进行检查，并按规定向当地人民银行报告现金管理情况。

(13) 一个单位在几家银行开户的，由一家开户银行负责现金管理工作，核定开户单位库存现金限额。各金融机构的现金管理分工，由中国人民银行确定。有关现金管理分工的争议，由当地人民银行协调、裁决。

(14) 开户银行应当建立健全现金管理制度，配备专职人员，改进工作作风，改善服务设施。现金管理工作所需经费应当在开户银行业务费中解决。

(三) 法律责任

开户单位有下列情形之一的，开户银行应当依照中国人民银行的规定，责令其停止违法活动，并可根据情节轻重处以罚款：

(1) 超出规定范围、限额使用现金的。

(2) 超出核定的库存现金限额留存现金的。

开户单位有下列情形之一的，开户银行应当依照中国人民银行的规定，予以警告或者罚款；情节严重的，可在一定期限内停止对该单位的贷款或者停止对该单位的现金支付：

(1) 对现金结算给予比转账结算优惠待遇的。

(2) 拒收支票、银行汇票和银行本票的。

(3) 违反本条例第八条规定，不采取转账结算方式购置国家规定的专项控制商品的。

（4）用不符合财务会计制度规定的凭证顶替库存现金的。

（5）用转账凭证套换现金的。

（6）编造用途套取现金的。

（7）互相借用现金的。

（8）利用账户替其他单位和个人套取现金的。

（9）将单位的现金收入按个人储蓄方式存入银行的。

（10）保留账外公款的。

（11）未经批准坐支或者未按开户银行核定的坐支范围和限额坐支现金的。

开户单位对开户银行做出的处罚决定不服的，必须首先按照处罚决定执行，然后可在十日内向开户银行的同级人民银行申请复议。同级人民银行应当在收到复议申请之日起三十日内做出复议决定。开户单位对复议决定不服的，可以在收到复议决定之日起三十日内向人民法院起诉。

银行工作人员违反本条例规定，徇私舞弊、贪污受贿、玩忽职守纵容违法行为的，应当根据情节轻重，给予行政处分和经济处罚；构成犯罪的，由司法机关依法追究刑事责任。

◇ 第2堂　现金收入管理

一、现金收入的概念和种类

（一）现金收入的概念

现金收入是出纳的一项重要业务，它是指各单位在其所开展的生产经营和非生产经营性业务中取得的现金，为单位带来经济利益的流入，帮助现金项目的经济业务结算，从而实现单位的各项经济业务的完成。

（二）现金收入的种类

现金收入包括销售产品的收入、提供劳务等业务时的现金收入、单位内部的现金收入、向单位职工收取的罚款收入、出差人员差旅退回的多余款项、执法单位取得的罚没收入以及机关、团体和企事业单位提供非营利服务而取得的现金收入等。在收到现金时，各单位编制的现金收款凭证中的借方科目为"库存现金"，其贷方科目应根据收入现金业务的性质来确定。一般情况下，按收入现金业务的性质可分为以下几种：

1. 业务收入

各单位的业务收入主要有下面两种：

（1）机关、团体等的拨款收入。

（2）企事业单位的业务收入。

2. 非业务收入

各单位的非业务收入主要有下面三种：

（1）单位的投资收入。

（2）单位的营业外收入。

（3）单位的其他收入。

3. 预收现金款项

各单位的预收现金款项是指企事业单位按照合同规定预收的定金等。

4. 其他现金款项

各单位的其他收入所得款项。

二、现金收入业务的处理程序

现金收入一般有两条渠道，一条是从银行提取现金，另一条是日常经营收入现金，而且两者在处理程序上也有些差异。

（一）从银行提取现金

从银行提取现金的处理流程如下：

1. 签发现金支票

从银行提取现金前，首先要签发现金支票。签发现金支票时需要注意的问题如下：

（1）按照支票排定的号码顺序填写，书写时要认真，不能潦草。

（2）收款人名称填写应与预留印鉴名称保持一致。

（3）签发日期应填写实际出票日期，不能补填或预填日期。

（4）金额必须按规定填写，金额如有错误，应作废重填。

（5）"用途"栏要如实填写，不得弄虚作假。

（6）签章必须与银行预留印鉴相符。

（7）支票的背面要备注取款单位或取款人姓名。

2. 提交取款凭证

出纳人员持现金支票到开户银行，向开户银行会计窗口交现金支票，等待银行受理。

3. 领取现金

银行受理后，交给出纳人员领款对号单或号牌，出纳人员持领款对号单或号牌到银行出纳窗口领取现金。收取现金后，出纳人员必须根据取款数额认真清点，确认无误后方可离开。

4. 将现金存入保险柜

出纳人员提取现金后，应及时将现金存入单位的保险柜。

5. 编制记账凭证

出纳人员根据现金支票存根或回单编制记账凭证，并根据审核无误的记账凭证登记现金日记账。

（二）日常经营收入现金

由于不同单位的规模和业务性质各不相同，其现金收入的规模和性质也各异。一般情况下，其日常经营业务收入现金的流程大体如下：

1. 明确付款信息

出纳人员在收取现金前，应弄清楚款项性质、付款人和款项金额。

2. 复核收款凭证、收款金额是否相符

首先复核收款凭证是否齐全，收款金额是否与应收款项相符。对于由于销售商品、提供劳务而取得的业务收入，应与有关合同协议上的金额核对。而对于非业务收入，应与账务记录上的金额核对。

3. 清点现金

应与当事人当面点清现金，避免日后出现经济纠纷。在清点过程中，出纳人员应该保持清醒，一丝不苟地核对，否则单据一旦开出才发现现金短缺或假钞，出纳人员应负责赔偿损失。

4. 开具收据

一切现金收入都应开具收款收据，即使有些现金收入已有对方的付款凭证，也应开出收据交付款人，以明确经济职责。对于现款交易的业务收入，应开具普通发票或增值税专用发票。而对于内部收款，应开具相关收据，并在有关收款依据上加盖"现金收讫"印章和收款人名章。

5. 登记现金日记账

出纳人员根据收款凭证，填制记账凭证，并登记出纳日记账。

6. 现金送存开户行

对于超过库存限额的现金收入，应按照有关规定在当日送存开户银行，如果当日收进现金的时间发生在银行当天停止收款以后，出纳人员应在第二天及时送存银行。如果在特殊情况下，出纳人员当日不能送存银行的，应由开户银行确定送存时间。

对于收入退回的情况，比如支票印鉴不清、收款账号错误等特殊原因，应及时联系有关经办人和对方单位，重新办理收款手续。

三、现金收入记账凭证的编制

一般情况下，单位涉及现金收款业务的记账凭证主要有业务收入现金记账凭证、非业务收入现金记账凭证以及其他收入现金记账凭证。

（一）业务收入现金记账凭证的编制

业务收入主要包括工业单位营业收入和商品流通单位营业收入。两者编制现金收入记账凭证时也略有不同。

1. 工业单位营业收入现金记账凭证的编制

工业单位对外销售产品，一般都通过转账结算销售收入，只有零星销售才收取现金。当收到现金并编制收款凭证时，按照工业单位会计制度规定，其贷方科目包括"主营业务收入"和"应交税费——应交增值税"科目。

【例6-1】2014年6月24日，某企业向某电子企业销售一套产品生产线，金额共计为 260 000 元，增值税税率为 17%，增值税为 44 200 元，对方用现金支付。出纳人员应当根据增值税专用发票存根联编制该业务的现金收款凭证，其会计分录如下：

　　借：库存现金　　　　　　　　　　　　　304 200
　　　　贷：主营业务收入　　　　　　　　　260 000
　　　　　　应交税费——应交增值税　　　　 44 200

2. 商品流通企业营业收入现金记账凭证的编制

商品流通企业，比如零售商店、大型超市等，其现金收入一般都由柜台收款员直接送存银行，再由财务人员根据柜台收款员提交的"现金交款单"的回单联和有关销售凭证填制银行存款收款凭证。但是，如果该商店的收款现金由出纳人员送存银行，则财务部门应先根据柜台收款员送交的现金收入填制现金收款凭证，贷方科目应设为"主营业务收入"。

【例 6-2】2014 年 7 月 18 日，某商店柜台收款员送来当日销售现金收入 10 413 元，增值税税率为 17%，增值税为 1 513 元，该业务的会计分录如下：

　　借：库存现金　　　　　　　　　　　　10 413
　　　　贷：主营业务收入　　　　　　[10 413÷（1+17%）] 8 900
　　　　　　应交税费——应交增值税　　　　　 1 513

（二）非业务收入现金记账凭证的编制

非业务收入是企事业单位除业务收入外的非营业业务活动所取得的收入，主要包括单位的营业外收入和对外投资活动所取得的投资收入。其中，营业外收入是指单位发生的与单位生产经营无直接关系的各项收入，主要包括处理固定资产净收益、固定资产盘盈、因债权人原因确实无法支付的应付款项、罚款收入等；对外投资活动所取得的投资收入一般都通过银行转账结算，当然也有现金投资收益的可能。如果单位取得的非业务收入为现金收入，则应按规定编制现金收款凭证，贷方科目设为"营业外收入"。

【例 6-3】2014 年 8 月 6 日，某单位以现金收取出租房屋的租金 18 600 元。根据上述经济业务，会计分录如下：

　　借：库存现金　　　　　　　　　　　　18 600

贷：营业外收入　　　　　　　　　　　　　　18 600

(三) 其他现金记账凭证的编制

其他现金收款业务主要包括向有关单位和个人收取的各种赔款、罚款和押金，向有关单位和人员收回的借款和押金，以及向员工收回的各种代垫款项等。按照现行会计制度的规定，出纳人员收到上述这些款项的现金时，应根据现金收款原始凭证编制现金收款记账凭证。其科目一般为"其他应收款"或"其他应付款"。

【例 6-4】 2014 年 9 月 10 日，某企业出纳人员收取该企业职工刘某因过失造成的损失赔偿金 1 000 元。根据上述经济业务，会计分录如下：

　　借：库存现金　　　　　　　　　　　　　　1 000
　　　　贷：其他应收款——刘某　　　　　　　　　　1 000

四、出纳要了解的现金收入管理

出纳每天都要和现金打交道，因此，出纳人员必须要知道单位的现金收入管理规定，只有明确了这一规定，才能在从事现金收入管理工作中应对自如。一般来说，单位的现金收入管理的基本规定主要包括以下四个方面：

1. 出纳接收的现金来源必须是合理合法的

单位的现金收入来源多种多样，但无论哪种来源都必须符合单位的实际需要和国家的有关规定。作为单位的出纳人员更是不能乱列开支项目，对于那些提取现金或出售商品（产品）金额在结算起点以上的，出纳人员不得拒收银行结算凭证而收取现金或按一定比例搭配收取现金；单位在国家规定的使用范围和限额内要使用现金，应从开户银行提取，提取时应写明用途，由单位出纳人员签字或盖章，经开户银行审核后，予以支付现金，不得编造用途套取现金。

2. 不准擅自坐支现金

坐支，是指从单位的现金收入中直接用于支付各种开支。坐支现金容易打乱现金收支渠道，不利于开户银行对单位的现金进行有效的监督和管理。有些单位业务经营确实需要坐支现金的，应事先向开户银行提出申请，在开户银行批准的坐支范围内，才能坐支现金，并定期向开户银行报告坐支金额和使用情况。

3. 收入现金必须坚持先收款后开收据

为了防止差错和引起纠纷，出纳人员在收入现金时应先收款，当面清点现金数额，经复点无误后，再开给交款人收款收据，出纳人员不能先开收据后收款。几笔收款或几笔付款不能一起办理，应一笔一清。严禁收款不开收款收据。一切现金收入都应开具收款收据，即使有些现金收入已有对方付款凭证，出纳人员也应当开出收据交付款人，以明确双方的经济责任。收款、开收据应在同一时间内完成，不准收款后过一段时间再来开收据；出纳人员对收入现金的收款收据应加盖"现金收讫"字样戳记。

4. 开户单位库存现金一律实行限额管理

《现金管理暂行条例》第 11 条第 2 款明确规定："开户单位现金收入应于当日送存开户银行，当日送存确有困难的，由开户银行确定送存时间。"各单位收入的现金超过库存限额的，也应将超过限额的部分送存银行保管。因此，收入现金和超库存限额的现金应及时送存银行。及时送存一般是指当日送存，如有的单位距离开户银行较远，交通不便，可由开户银行确定送存时间。如果收进的现金是开户银行当天停止收款以后发生的，应在第二天送存银行。

出纳人员要在掌握现金收入管理的基础上完成自己的本职工作，这样不但可以保证自己工作的顺利进行，还能够保证单位的资金安全和交易的顺利进行。

◇ 第 3 堂 现金支出管理

一、现金支出的概念和种类

(一) 现金支出的概念

现金支出是"现金收入"的对称，是指各单位在其生产经营过程中和非生产经营过程中向外支付现金的各项业务。现金支出有狭义和广义之分。狭义即指银行向市场投放货币。在我国，中国人民银行发行的人民币是唯一合法的通货，现金支出即付出人民币。广义则指社会各单位付出现金，如向职工发放工资、收购农副产品、提取储蓄存款和发放救济款，等等。

(二）现金支出的种类

现金支出业务包括外部支出和内部支出两大类，其具体内容如下：

1. 外部支出

外部支出主要包括以下几方面的内容：

（1）购买货物支付的现金。

（2）接受劳务支付的现金。

（3）向其他单位支付的押金。

2. 内部支出

内部支出主要包括以下几方面的内容：

（1）向员工发放工资（工资的发放形式可以是现金发放，也可以是银行转账）。

（2）预付差旅费。

（3）报销差旅费。

（4）支付备用金。

（5）为员工垫付、支付现金的有关项目。

二、现金支出的原则

为了加强现金管理，规范现金结算行为，杜绝各种不合理的损失，出纳人员必须严格谨慎地处理现金支出业务，避免发生不可挽回的损失。因此，出纳人员在现金支出时应遵循一定的原则，具体内容如下：

（1）出纳人员必须以严格谨慎的态度来处理各项现金支出业务，做到忙工出细活，不急不躁，不可疏忽出错。

（2）出纳人员必须以真实、合法、准确的付款凭证为依据支出现金，并要求经办人在付款凭证上签字。

（3）出纳人员必须以手续完备、审核无误的付款凭证为最终付款依据，手续签字不齐，坚决拒付。

（4）在现金支出时，出纳人员应将现金当面点清，双方确认无误。

（5）现金支出要做到日清月结，不得跨期、跨月处理账务。

（6）出纳人员不得套取现金用于支付。比如，利用私人或其他单位的账户支取现金，编造合理用途或以支取备用金、差旅费为名义取现金，虚报冒领工资、奖金和津贴补助，用转账凭证换取现金等。

三、现金支出业务处理程序

在会计实务中，现金支出业务的处理分为主动支出现金、被动支出现金和向银行送存现金三种情形。这三种情形下的现金支出处理程序各不相同，具体处理程序如下：

（一）主动支出现金

主动支出现金是指单位主动将现金支付给收款单位或个人，比如，单位为员工发放工资、奖金、津贴和各种福利等。该业务的具体处理程序如下：

（1）出纳人员根据工资表等有关付款凭证编制付款单，并计算出付款金额。付款单的基本格式如表6-1所示。

表 6-1　付款单

年　月　日

收款单位/经办人：　　　　　　　　　　　　　会计处理方式/科目：

摘要	数量	单价	金额	付款方式			附单据张
				现金	支票	其他	
合计：人民币　　佰　　拾　　万　　仟　　佰　　拾　　元　　角　　分 ￥：								
备注								

业务经办：　　　　　　　　主管经理：　　　　　　　　财务经理：
总经理：　　　　　　　　　　　　　　　　　　　　　　　出纳：

（2）出纳人员根据付款金额清点库存现金额，不足时应从银行提取，然后再按收款单位或个人分别装袋。

（3）发放现金时，出纳人员要让收款单位或个人当面清点并签字或盖章。

（4）出纳人员根据付款单等原始凭证填制记账凭证。

（5）出纳人员根据记账凭证登记现金日记账。

（二）被动支出现金

被动支出现金是指收款单位或个人持有关凭据到单位出纳部门领取现金，出纳人员根据相关凭证支付现金。该业务的具体处理程序如下：

（1）出纳人员受理借款单、报销单、其他单位和个人的收款收据等原始凭证。借款单和报销单的基本格式分别如表6-2、表6-3所示。

表 6-2　借款单

年　月　日

借款部门		借款人		职务		
借款事由				借款原因	□因公司	
					□因个人	
借款金额	人民币	佰　拾　万　仟　佰　拾　元　角　分			￥：	
还款后出纳签章				还款人签章		

表 6-3　报销单

年　月　日

单位：　　　　　　　　　　　　　　　　　　　　　　第　　号

摘要			
金额	人民币	佰　拾　万　仟　佰　拾　元　角　分	￥：
附单据张数		取款人签章	

审批人：　　　　　　审核人：　　　　　　经办人：

（2）出纳人员在审核原始凭证时，要核对其手续是否完备、有关内容是否填列完整、付款标准是否符合等。

（3）支付现金并进行复点，要求收款人当面点清，并让收款人签名或盖章，以避免发生经济纠纷。

（4）出纳人员在审核无误的付款凭证上加盖"现金付讫"印章。

（5）出纳人员根据原始凭证填制记账凭证。

（6）出纳人员根据记账凭证登记现金日记账。

（三）向银行送存现金

当天收入的现金或超过库存现金额的现金，出纳人员要及时送存开户银行。向银行送存现金的具体处理流程如下：

1. 整点票币

出纳人员在送款前,应将送存的票币进行清点整理,按币别、币种分开,并把存款的金额合计出来。

2. 填写现金进账单(缴款单)

出纳人员根据整点好的存款金额填写进账单,各种币种的金额合计数应与存款金额一致。现金进账单的基本格式如表 6-4 所示。

表 6-4　进账单
年　月　日

出票人	金额		收款人	金额	
	账号			账户	
	开户银行			开户银行	
金额	人民币: (大写)	亿 千 百 十 万 千 百 十 元 角 分			
票据种类		票据张数		开户银行签章	
票据号码					
	复核:		记账:		

3. 提交进账单和票币

出纳人员向银行提交进账单和整点好的票币。票币要一次性交清,并当面清点;如有差异,应当面复核。

4. 加盖"现金收讫"和银行印鉴

开户银行受理后,在现金进账单上加盖"现金收讫"和银行印鉴后,退回交款人一联,表示款项已收妥。

5. 编制记账凭证

出纳人员根据银行退回的盖有"现金收讫"和银行印鉴的一联现金进账单,编制记账凭证。

6. 登记现金日记账

出纳人员根据记账凭证登记现金日记账。

四、现金支出记账凭证的编制

现金支出记账凭证的借方科目取决于业务性质和会计制度的规定，贷方科目为"库存现金"。我们可以通过下面的例子介绍现金支出记账凭证的编制。

【例 6-5】 2014 年 2 月 15 日，某公司为了统一员工的制服，定制了一批工作服，共计花费 19 600 元，该项目用库存现金支付。根据上述现金支出业务编制记账凭证，其会计分录如下：

借：管理费用——公司经费　　　　　　　　　19 600
　　贷：库存现金　　　　　　　　　　　　　19 600

该现金支出记账凭证如表 6-5 所示。

表 6-5　现金支出记账凭证

2014 年 2 月 15 日

贷方：库存现金
编号：8

摘要	借方	明细科目	金额	记账
购买工作制服	管理费用	公司经费	19 600	
附单据　张	合计		19 600	—

记账：　　　　　　　　　复核：　　　　　　　　　经办人：

五、出纳要知道的现金支出管理

单位现金管理的另一个方面就是决定如何使用现金。出纳人员在从事现金支出时要注意现金支出管理的基本规定，根据《现金管理暂行条例》第五条规定：开户单位可以在下列范围内使用现金：

（1）单位职工的工资以及各种工资性津贴。

（2）个人劳务报酬，包括讲课费和稿费以及其他一些专门工作的报酬。

（3）各种劳保、福利费以及国家规定的对个人的其他支出，如转业、复员、退伍、退职、退休费和其他按规定发给个人的费用。

（4）支付给个人的奖金，包括根据国家规定颁发给个人的科学技术、文化艺术、体育等各种奖金。

（5）出差人员必须随身携带的差旅费。

（6）支付各单位间在转账结算起点以下的零星支出。

（7）向个人购买农副产品和其他物资支付的价款。

除上述规定的范围可进行现金结算外，单位与其他单位所进行的经济往来业务都要通过银行进行转账结算。

单位与其他单位在使用现金时同时要注意以下几个方面：

（1）现金支出必须有合法的凭证。

出纳人员在从事现金支出时要有凭有据，手续完备，借款必须持有效的借据，切不可以"白条"代替借据。

（2）在购买国家规定的专控商品时不得使用现金。

国家专控商品销售单位不得收取现金。单位在购买专控商品时，一律采用转账方式进行支付，不得以现金方式进行支付。

（3）在规定限额内支付个人现金。

各单位必须严格按照国家规定的开支范围使用现金，开户单位除向个人收购农副产品和其他物资以及出差人员随身携带的差旅费支付现金之外，其他对个人支付现金的限额为100元，超过限额部分的可以转办储蓄或以支票、银行本票支付，对于那些确实需要全额支付现金的项目，在经过开户银行审核之后，准许其使用现金进行支付。

（4）各个单位之间不得互相借用库存现金。

从根本上来说，出纳在现金支出管理中的主要任务是在合理合法的基础之上尽可能地延缓现金的支出时间。出纳人员要想完成现金管理中延缓时间的任务，可以采取下列措施：

（1）推迟应付款的支付，指单位在不影响自己信誉的前提下，充分运用供货方所提供的信用优惠，尽可能地推迟应付款的支付期。

（2）使用现金浮游量。现金浮游量指由于单位提高收款效率和延长付款时间所产生的单位账户上的现金余额和银行账户上的单位存款余额之间的差额。

（3）改进员工工资支付模式。单位可以为支付工资专门设立一个工资账户，通过银行向职工支付工资。

（4）用汇票代替支票。汇票分为商业承兑汇票和银行承兑汇票，与支票不同的是，承兑汇票并不是见票即付。这一方式的优点是它推迟了单位调入资金支付汇票的实际所需时间。

（5）透支，实际上是银行向单位提供的信用；其限额由银行和单位共同商定。

（6）使用零余额账户。即单位与银行合作，保持一个主账户和一系列子账户。当从某个子账户签发的支票需要现金时，所需要的资金立即从主账户划拨过来，从而使更多的资金得到有效利用。

◇ 第4堂　现金核算

一、现金核算的内容

现金核算的内容主要包括现金收入的核算和现金支出的核算。

（一）现金收入的核算

现金收入的核算主要包括两方面的内容，一是审核原始凭证，二是编制记账凭证，其具体内容如下：

1. 审核原始凭证

出纳人员在处理收款业务时，首先应审核外来的发票和各种收据等原始凭证，审核主要包括以下几个方面的内容：

（1）审核该凭证所反映的商品数量、单据、金额是否正确。

（2）审核该项业务的合理性和合法性。

（3）审核该凭证有无刮擦、涂改迹象。

（4）审核该凭证有无相关负责人签章。

（5）审核该凭证票据的真实性。

2. 编制记账凭证

出纳人员应根据原始凭证登记记账凭证，登记时必须书写规范、会计科目准确、编号合理、数据一致、签章手续完备等。

（二）现金支出的核算

与现金的收入相比，现金支出业务在账务处理之前，还要进行的核算内容如下：

（1）是否属于现金开支的范围。

（2）是否按照国家规定使用现金支付的业务。

（3）是否符合单位自身的财务核算制度。

（4）付款业务是否真实。

（5）单位的财务人员应该根据审核无误的原始凭证编制付款凭证。

了解了现金支出的核算内容之后，再来介绍其基本的核算方法，其具体核算方法如下：

（1）现金支出时，借记有关科目，贷记"库存现金"科目。

（2）支付职工差旅费等原因所需的现金时，按支出凭证所记载的金额，借记"其他应收款"等科目，贷记"库存现金"科目。

（3）收到出差人员交回的差旅费剩余款项并结算时，按实际收回的现金，借记"库存现金"科目。

（4）按应报销的金额，借记"管理费用"等科目。

（5）按实际借出的现金，贷记"其他应收款"科目。

【例 6-6】

（1）2014 年 9 月 5 日，某企业的职工李某因公出差，向企业预借 2 000 元，以现金支付。依据有关领导审批的"借款单"填制记账凭证，应做如下账务处理：

借：其他应收款　　　　　　　　　　　2 000
　　贷：库存现金　　　　　　　　　　　　　　2 000

（2）2014 年 9 月 13 日，李某出差归来，经过审核可以报销的差旅费为 2 200 元，用现金支付 200 元的差额。根据"差旅费报销单"以及"付款收据"填制记账凭证，应做如下账务处理：

借：管理费用　　　　　　　　　　　　2 200
　　贷：其他应收款　　　　　　　　　　　　　2 000

库存现金　　　　　　　　　　　　　　　　　200

　（3）2014年9月15日，企业为李某发放工资现金5 500元，依据收款人签字盖章齐全的"工资发放明细表"填制记账凭证，应做如下账务处理：

　　借：管理费用　　　　　　　　　　　　　　5 500
　　　　贷：库存现金　　　　　　　　　　　　　5 500

二、现金复核及收付款要求

在会计实务中，出纳人员经常会遇到复核现金收付款的情况，下面介绍一下该业务的相关要求。

（一）复核现金收入款项的要求

出纳人员在复核现金收入款项时应做到以下几点：

（1）现金收入日记账账簿是否填写正确。

（2）现金收入日记账账簿是否加盖名章。

（3）审查现金收入凭证要素及现金收入票面记录是否完整、正确。

（4）按照规定复点、复核现金，进行有价单证收付以及票币的兑换。

（5）协同出纳人员轧库，登记轧库登记簿及库存登记簿。

（6）叫号、收回铜牌，核对户名、取款金额，当面付款并交代清楚。

（7）填写出纳人员错款登记簿。

（8）对柜面收款进行监督，做好防假币工作。

（二）复核现金收款凭证的要求

出纳人员根据现金收款凭证办理现金收入业务。为了确保收款凭证真实、准确和合法，出纳人员在办理每笔现金收入前，应首先复核现金收款凭证，查看该凭证中的内容是否填写齐全、手续是否完备。复核现金收款凭证主要包括以下几项内容：

1. 日期

复核现金收款凭证的填写日期是否相符，是否有提前或推后等情况。

2. 编号

复核现金收款凭证的编号有无重号、漏号或不按日期顺序编号等情况。

3. 内容

复核现金收款凭证摘要栏的内容与原始凭证反映的经济业务内容是否相符，内容记载是否真实、准确、合法。

4. 证证是否相符

复核现金收款凭证的金额与原始凭证的金额是否一致、大小写金额是否相符。

5. 附件

复核现金收款凭证"附单据"栏的张数与所附原始凭证的张数是否相符。

6. 手续

复核现金收款凭证的手续是否齐全，收款凭证的制单、复核、财务主管栏是否已签名或盖章。

（三）复核现金付款凭证的要求

出纳人员根据现金付款凭证办理现金支付业务。其复核方法和基本要求与现金收款凭证相同，但是在会计实务中，出纳人员在办理付款业务时还要注意以下三点：

1. 发生销货退回

当发生销货退回需用现金退款时，出纳人员应先取得对方的收款收据，以此作为原始凭证，不得以退货发货票代替收据编制付款凭证。

2. 只有付款凭证，没有收款凭证

当出纳人员在办理现金和银行存款收付业务时，只有付款凭证，没有收款凭证。例如，将当日营业款送存银行，制单人员根据现金解款单（回单）编制现金付款凭证，借方账户为"银行存款"，贷方账户为"库存现金"，不再编制银行存款收款凭证。

3. 不慎遗失从外单位取得的原始凭证

当遇到从外单位取得的原始凭证不慎遗失的情况时，出纳人员应先取得原签发单位盖有有关印章的证明，并注明原始凭证的名称、金额、经济内容等，且经单位负责人批准后，方可作为原始凭证。

（四）应用实务

出纳人员为了确保库存现金的安全性和完整性，并保证账实相符，应做好现金的日清月结工作。每天下班之前，出纳人员应及时盘点库存现金，将库存现金的实有数与"现金日记账"的余额进行核对。如果出现实际盘点的现金与账上结存的余额有出入时，出纳人员应及时查明原因。一般情况下，查找现金出入的方法主要有以下几种：

（1）再次清点库存现金，检查是否是由点钞错误造成的。

（2）对日记账中的收入、支出、结余数再计算一遍，看是否存在计算错误。

（3）回忆当日的收付业务情景，并检查是哪个环节出了问题。

通过查找和清点，仍查不出现金出入的原因时，就应该做如下处理：

（1）现金多出，应及时上报单位领导。

（2）现金短少，应当由当事人承担赔偿责任。

三、现金序时及总分类核算

（一）现金序时核算

现金的序时核算是出纳人员必须掌握的一门技能，只有掌握这门技能，才能不断地提高自身的业务能力，让自己的出纳技能更上一层楼。

对于现金的序时核算而言，主要是指根据现金的收支业务逐日逐笔地记录现金的增减及结存情况。该核算的主要方法是设置与登记现金日记账。

作为核算和监督现金日常收付结存情况的序时账簿，通过现金日记账可以全面、连续地了解和掌握单位每日现金的收支动态和库存余额，为日常分析、检查单位的现金收支情况提供必要的经济资料和可靠数据。

对于那些有外币现金的单位来说，单位的出纳人员应分别按人民币现金、各种外币现金设置"现金日记账"进行序时核算，确保现金序时核算的有序进行。

（二）现金的总分类核算

现金的总分类核算是指根据反映单位现金收付款业务的记账凭证或其他会计核算形式所规定的登记总账的依据，由单位会计人员编制收、付款凭证，并据以进行总分类核算，以提供单位现金增减变动的总括性核算指标所进行的核算。

设置"库存现金"总分类账户是为了总括反映单位库存现金的收入、支出和结存情况。该总分类账户的借方和贷方分别记录单位库存现金收入的数额和支出的数额，余额在借方，表示单位库存的现金数额。

【例6-7】

（1）公司签发现金支票，从银行提取现金50 000元备用。根据现金支票存根所表明的金额，其会计分录如下：

借：库存现金　　　　　　　　　　　　　50 000
　　贷：银行存款　　　　　　　　　　　　50 000

（2）公司财务部张经理出差预借款项10 000元，凭有效的借款单支付现金，其会计分录如下：

借：其他应收款——张经理　　　　　　　10 000
　　贷：库存现金　　　　　　　　　　　　10 000

（3）公司出售废弃电脑，收回现金8 320元，凭本单位开出的收款收据收取现金，其会计分录如下：

借：库存现金　　　　　　　　　　　　　8 320
　　贷：其他业务收入——出售固定资产收入　8 320

（4）将企业出售废弃电脑收取的现金送存银行。根据银行盖章退回的缴款单，其会计分录如下：

借：银行存款　　　　　　　　　　　　　8 320
　　贷：库存现金　　　　　　　　　　　　8 320

（5）企业财务部张经理出差回来凭差旅费票据报销差旅费8 648元，退回余款1 352元，其会计分录如下：

借：管理费用——差旅交通费　　　　　　8 648
　　库存现金　　　　　　　　　　　　　1 352
　　贷：其他应收款——张经理　　　　　　10 000

◇ 第5堂　现金保管和清查

一、如何保管库存现金

加强库存现金的保管是单位的一项重要管理制度。由于现金是流动性最强的资产，它无需变现即可直接使用，因而现金是犯罪分子谋取的最直接目标。因此，各个单位必须建立健全现金的管理制度，防止由于制度不严、工作疏忽而给犯罪分子以可乘之机，给国家和单位造成损失。现金保管制度一般应包括如下内容：

（一）及时送存超额现金

超过库存限额以外的现金应在下班前送存银行，以保证现金的安全性。特别是向银行送存大额现金时，一般应有两人以上并用专车运送，数额较大的还需用专箱装好，在必要时甚至可以进行武装押运。

（二）专人保管库存现金

单位的现金应由专人保管，一般都是由出纳人员保管，其他人员不得私自收支现金。因此，单位在选择出纳人员时应当选择工作责任心强、业务娴熟、诚实可靠的人来担任。同时，出纳人员还要保持相对稳定、认真谨慎的态度。从银行提取现金，如果数额较大应由专车运送，放置现金的保险柜密码应由出纳人员设置，并严格保密。若出纳人员工作变动时，应严格执行交接手续，并重新设置密码。

此外，单位的库存现金不准以个人名义存入银行，以防止单位相关人员利用公款私存，从而形成账外小金库或利用公款私存取得利息收入。

（三）分类保管库存现金

库存现金，包括纸币和铸币，出纳人员应实行分类保管。

1. 纸币的保管

各单位的出纳人员对纸币的分类保管主要是根据纸币的票面金额和铸币的币面金额，以及整数（即大数）和零数（即小数）进行分类保管。而且纸币在保管时，一定要打开铺平存放，并按照纸币的票面金额，以每一百张为一把，每十把为一捆扎好。凡是成把、成捆的纸币即为整数（即大数），均应放在保险柜内保管，随用随取。对于那些不成把的纸币即为零数（或小数），也要按照票面金额，每十张为一扎，分别用曲别针别好，放在传票箱内或抽屉内，一定要保证存放整齐，秩序井然，以方便使用。

2. 铸币的保管

铸币的分类保管也是按照币面金额，以每一百枚为一卷，每十卷为一捆，同样将成捆、成卷的铸币放在保险柜内保管，随用随取；不成卷的铸币，应按照不同币面金额，分别存放在特别的卡数器内。

（四）加强安保措施

库存现金的存放要有相应的安保措施，安保的重点是出纳办公室和保险柜。

1. 出纳办公室安保的要求

出纳办公室选择的房间墙壁、房顶要牢固，窗户要有铁栏杆和护窗金属板，还要能防潮、防火、防盗、通风。

2. 保险柜安保的要求

财务部门应配备专门的保险柜，出纳人员必须把库存现金存放在保险柜，并且保险柜还要由出纳人员专人负责管理，保险柜钥匙和密码只能是负责管理保险柜的出纳人员保管和知情，出纳人员需严格保密保险柜的密码，绝不可告知他人。如果保险柜的钥匙丢失，出纳人员应及时报告领导进行处理，切记不可随意找人修理甚至是重新配钥匙。另外，当出纳人员工作变动时，单位应该及时更换保险柜密码。

二、财产清查的概念和类型

（一）财产清查的概念

财产清查是指对货币资金、实物资金、债务债权等进行盘点和核对，确定其实存数，核实其账面结存数和实际结存数是否一致的一种会计专门方法。

财产清查不仅是会计财务处理的重要组成部分，也是财产物资管理制度的主要内容。通过财产清查，可以保护财产的安全和完整，保证会计核算资料的真实性，完善单位管理制度，挖掘财产物资潜力，提高物资的使用效率。

在财产清查中要及时发现问题，并解决问题。一旦查出账实不符，则应采取相应的方法进行处理，从而做到账实相符，保证会计信息的客观真实性。

（二）财产清查的类型

财产清查的种类有很多，可以根据清查的时间、范围和组织形式等不同进行分类。常见的财产清查的种类如下：

1. 按财产清查的时间分类

按财产清查的时间可分为定期清查和不定期清查。

（1）定期清查。

定期清查是指根据事先计划安排好的时间，对单位财产物资进行的盘点和核对。这种清查一般在年末、季末、月末结账时进行，以保证账实相符，会计报表真实可靠。

（2）不定期清查。

不定期清查是指根据需要对财产进行临时性的盘点和核对。该清查不规定清查时间，而是根据需要随时组织清查。一般情况下，不定期清查在下面的情形下发生：

①上级主管部门、财政部门、审计部门对本单位进行财务检查。

②单位进行临时性的清产核资。

③更换保管人员时，要对其保管的物资进行清查，以明确经济责任。

④更换出纳人员时，对银行存款、现金所进行的清查。

⑤发生自然灾害或财产意外损失时，对受损财产进行清查，以查明受损情况。

2. 按财产清查的范围分类

按财产清查的范围可分为全面清查和局部清查。

（1）全面清查。

全面清查是指对单位全部财产物资、货币资金和债权债务所进行的盘点和核对。它清查的范围大、时间长、工作量大，参加的人员多，有时还会影响单位生产经营的正常进行。全面清查的内容一般包括以下几项：

①固定资产、原材料、在产品、半成品、产成品以及其他物资。

②现金、银行存款和银行借款等货币资金。

③在途的各种材料物资和货币资金等。

④委托其他单位代保管、代加工的各项材料物资等。

⑤各种往来结算款项和预算缴拨款项。

全面清查的适用范围一般包括下述情况：

①年终结算前，为了确保年终结算会计资料的真实性，单位必须对财产进行一次全面清查。

②开展清产核资时，单位要进行一次全面清查。

③单位主要负责人调离工作岗位时，单位要进行一次全面清查。

④单位撤销、倒闭、合并或改变隶属关系时，要进行一次全面清查。

（2）局部清查。

局部清查是指根据单位需要，只对部分财产物资进行的盘点核对。它的清查范围小、内容少、涉及的人员少，专业性较强。局部清查盘点的内容一般包括以下几项：

①对于银行存款和银行借款，出纳人员至少每月同银行核对一次对账单。

②对于现金，应由出纳人员在每天的业务结束时盘点一次。

③对于债权、债务，出纳人员应在会计年度内同对方至少核对一至两次。

④对于材料、产成品、在产品以及在途材料、贵重物品等流动性较大的财产，应每月清查盘点一次。

3. 按财产清查的组织形式分类

按财产清查的组织形式可分为内部清查和外部清查。

（1）内部清查。

内部清查是根据需要组织有关部门和人员对自身财产所实施的清查。该清查方式的适用范围可以是局部清查，也可以是全面清查。通常情况下，单位在年末进行全面清查，而在平时季末、月末进行局部清查。

（2）外部清查。

外部清查是由单位外部的主管部门、财政部门、税务部门、银行等根据有关规定和实际工作需要对单位所实施的清查。该清查方式一般多是全面清查。

三、如何清查库存现金

（一）清查库存现金的方法

库存现金清查的基本方法是实地盘点法。实地盘点法是指将现金实存数与现金日记账上的余额进行核对，来查明账实是否相符的方法。实存数是指单位金库内实有的现款额，清查时不能用借条等单据来抵充现金。每日终了应查对库存现金实存数与其账面余额是否相符。

库存现金的清查可分为以下两种情况：

1. 出纳人员每日清点

每日清点库存现金是出纳人员的分内职责。在日常工作中，出纳人员每日清点库存现金实有数额，并及时与现金日记账的余额相核对。

2. 专门清查人员进行清查

为了明确经济责任，专门清查人员进行清查一般需要清查人员和出纳人员同时在场。清查人员审核收付凭证和账簿记录，检查各项交易或者事项的合理性和合法性，以及是否存在以白条或借据充抵现金等现象。

现金清查结束后，应根据盘点的结果和现金日记账核对的情况，填制"库存现金盘点报告表"，由相关人员签章才能生效。该报告表是重要的原始凭证，又有"实存账存对比表"的作用。"库存现金盘点报告表"的基本格式如表6-6所示：

表6-6 库存现金盘点报告表

实存金额	账存金额	实存与账存对比结果		备注
		盘盈	盘亏	
单位负责人意见				

财务负责人（签章）： 盘点人（签章）： 出纳（签章）：

（二）库存现金的账务处理

在每日终了结算现金收支、财产清查等财务处理时发现的有待查明原因的现金短缺或溢余，应按"待处理财产损溢"科目核算，该业务处理的类型包括现金短缺和现金溢余。具体的账务处理如下：

1. 现金短缺

（1）现金短缺属于应由责任人赔偿的部分，借记"其他应收款——应收现金短缺款"或"库存现金"等科目，贷记"待处理财产损溢——待处理流动资产损溢"科目。

（2）现金短缺属于应由保险单位赔偿的部分，借记"其他应收款——应收保险赔款"科目，贷记"待处理财产损溢——待处理流动资产损溢"科目。

（3）现金短缺属于无法查明的其他原因，根据管理权限，经批准后作为盘亏损失处理，借记"管理费用"科目，贷记"待处理财产损溢——待处理流动资产损溢"科目。

2. 现金溢余

（1）现金溢余属于应支付给有关人员或单位的，应借记"待处理财产损溢——待处理流动资产损溢"科目，贷记"其他应付款——应付现金溢余"科目。

（2）现金溢余属于无法查明原因的现金溢余，经批准后作为盘盈利得处理，借记"待处理财产损溢——待处理流动资产损溢"科目，贷记"营业外收入——盘盈利得"科目。

【例6-8】某企业在进行库存现金清查时，发现账面余额少了380元。经批准后做如下处理：其中180元属于出纳人员李某工作失误造成，应由其赔偿；剩下的200元无法查明原因，计入营业外支出。根据上述经济业务，应做如下账务处理：

（1）发现现金短缺时，应按实际短缺的金额处理时：

借：待处理财产损溢——待处理流动资产损溢　　　380
　　贷：库存现金　　　　　　　　　　　　　　　　　　380

（2）按管理权限经批准后处理时：

借：其他应收款——李某　　　　　　　　　　　180

    营业外支出   200

    贷：待处理财产损溢——待处理流动资产损溢 380

【例 6-9】 某企业在进行库存现金清查时，发现账面余额多出 240 元，经批准后列入营业外收入。根据上述经济业务，应做如下账务处理：

（1）发现现金溢余时，应按实际溢余的金额处理：

  借：库存现金   240

    贷：待处理财产损溢——待处理流动资产损溢 240

（2）按管理权限经批准后处理时，应按实际溢余的金额：

  借：待处理财产损溢——待处理流动资产损溢 240

    贷：营业外收入   240

第7天 银行存借款业务的管理

◇ 第1堂 银行存款账户的开设与管理

一、银行存款账户的种类

银行存款账户又称银行账户或存款账户,是单位在银行开立的人民币存款、取款、转账结算和贷款户头的总称,是单位与其他单位通过银行办理结算和现金收付的重要工具。

按照国家的有关规定,凡是能独立进行核算的单位,均应在所在地银行申请开立银行存款结算账户。由于资金的用途、性质和管理要求不同,单位开立的银行存款账户也有所不同。一般情况下,单位的银行存款账户可分为基本存款账户、一般存款账户、临时存款账户和专用存款账户四种。

（一）基本存款账户

基本存款账户是指存款人因办理日常转账结算和现金收付需要开立的银行结算账户。存款单位的现金支取,只能通过基本存款账户办理。一个单位也只能选择一家银行的一个营业机构开立一个基本存款账户,不得同时开立多个基本存款账户。

开立基本存款账户是开立其他三类账户的前提。开立基本存款账户的存款人,在开立、变更或撤销其他三类账户时,必须凭基本存款开户登记证办理相关手续,并在其登记证上进行登记。

根据《账户管理办法》的相关规定,下列存款人可以申请开立基本存款账户:

（1）企业法人。

（2）非法人企业。

（3）机关、事业单位。

（4）团级（含）以上军队、武警部队及分散执勤的支（分）队。

（5）社会团体。

（6）民办非企业组织。

（7）异地常设机构。

（8）外国驻华机构。

（9）个体工商户。

（10）居民委员会、村民委员会、社区委员会。

（11）单位设立的独立核算的附属机构。

（12）其他组织。

存款人申请开立基本存款账户，应向银行出具下列证明文件：

（1）企业法人，应出具企业法人营业执照正本。

（2）非法人企业，应出具企业营业执照正本。

（3）机关和实行预算管理的事业单位，应出具政府人事部门或编制委员会的批文或登记证书和财政部门同意其开户的证明；非预算管理的事业单位，应出具政府人事部门或编制委员会的批文或登记证书。

（4）军队、武警团级（含）以上单位以及分散执勤的支（分）队，应出具军队军级以上单位财务部门、武警总队财务部门的开户证明。

（5）社会团体，应出具社会团体登记证书，宗教组织还应出具宗教事务管理部门的批文或证明。

（6）民办非企业组织，应出具民办非企业登记证书。

（7）外地常设机构，应出具其驻在地政府主管部门的批文。

（8）外国驻华机构，应出具国家有关主管部门的批文或证明；外资企业驻华代表处、办事处应出具国家登记机关颁发的登记证。

（9）个体工商户，应出具个体工商户营业执照正本。

（10）居民委员会、村民委员会、社区委员会，应出具其主管部门的批文或证明。

（11）独立核算的附属机构，应出具其主管部门的基本存款账户开户登记证和批文。

（12）其他组织，应出具政府主管部门的批文或证明。

上述所提到的"存款人"为从事生产、经营活动纳税人的，还应出具税务部门颁发的税务登记证。

（二）一般存款账户

一般存款账户是存款人因借款或其他结算需要，在基本存款账户开户银行以外的银行营业机构开立的银行结算账户。该账户可以办理现金缴存，但不得办理现金支取。

存款人申请开立一般存款账户，应向银行出具其开立基本存款账户规定的证明文件、基本存款账户开户登记证和下列证明文件：

（1）存款人因向银行借款需要，应出具借款合同。

（2）存款人因其他结算需要，应出具有关证明。

（三）临时存款账户

临时存款账户是存款人因临时需要并在规定期限内使用而开立的银行结算账户。临时存款账户的有效期最长不得超过 2 年。有下列情况的，存款人可以申请开立临时存款账户：

（1）设立临时机构。

（2）异地临时经营活动。

（3）注册验资。

存款人申请开立临时存款账户，应向银行出具下列证明文件：

（1）临时机构，应出具其驻在地主管部门同意设立临时机构的批文。

（2）异地建筑施工及安装单位，应出具其基本存款账户开户登记证、其营业执照正本或其隶属单位的营业执照正本，以及施工及安装地建设主管部门核发的许可证或建筑施工及安装合同。

（3）异地从事临时经营活动的单位，应出具其基本存款账户开户登记证、其营业执照正本以及临时经营地工商行政管理部门的批文。

（4）注册验资资金，应出具工商行政管理部门核发的单位名称预先核准通知书或有关部门的批文。

(四) 专用存款账户

专用存款账户是存款人按照法律、行政法规和规章，对其特定用途资金进行专项管理和使用而开立的银行结算账户。对下列资金的管理与使用，存款人可以申请开立专用存款账户：

（1）基本建设资金。

（2）更新改造资金。

（3）财政预算外资金。

（4）粮、棉、油收购资金。

（5）证券交易结算资金。

（6）期货交易保证金。

（7）信托基金。

（8）金融机构存放同业资金。

（9）政策性房地产开发资金。

（10）单位银行卡备用金。

（11）住房基金。

（12）社会保障基金。

（13）收入汇缴资金和业务支出资金。

（14）党、团、工会设在单位的组织机构经费。

（15）其他需要专项管理和使用的资金。

上述提到的收入汇缴资金和业务支出资金，是指基本存款账户存款人附属的非独立核算单位或派出机构发生的收入和支出的资金。因收入汇缴资金和业务支出资金开立的专用存款账户，应使用隶属单位的名称。

存款人申请开立专用存款账户，应向银行出具其开立基本存款账户规定的证明文件、基本存款账户开户登记证和下列证明文件：

（1）基本建设资金、更新改造资金、政策性房地产开发资金、住房基金、社会保障基金，应出具主管部门批文。

（2）财政预算外资金，应出具财政部门的证明。

（3）粮、棉、油收购资金，应出具主管部门批文。

（4）单位银行卡备用金，应按照中国人民银行批准的银行卡章程的规定出具有关证明和资料。

（5）证券交易结算资金，应出具证券单位或证券管理部门的证明。

（6）期货交易保证金，应出具期货单位或期货管理部门的证明。

（7）金融机构存放同业资金，应出具其证明。

（8）收入汇缴资金和业务支出资金，应出具基本存款账户存款人有关的证明。

（9）党、团、工会设在单位的组织机构经费，应出具该单位或有关部门的批文或证明。

（10）其他按规定需要专项管理和使用的资金，应出具有关法规、规章或政府部门的有关文件。

如果是合格境外机构投资者在境内从事证券投资开立的人民币特殊账户和人民币结算资金账户纳入专用存款账户管理。其开立人民币特殊账户时应出具国家外汇管理部门的批复文件，开立人民币结算资金账户时应出具证券管理部门的证券投资业务许可证。

二、开立银行存款账户的流程

出纳人员在办理日常的单位业务账务时，必须有一个专用的存款账户。因此，出纳人员为了日后与银行打交道和有利于今后业务的开展，应当了解和参与银行账户的开立过程。

依据现行的《人民币银行账户管理办法》的有关规定，银行账户分为四类，即基本存款账户、一般存款账户、临时存款账户和专用存款账户，但是，不管是哪一类银行账户，其开立的流程大体相同。

出纳人员在向银行申请开立账户时，首先应选择好开立的银行，因为存款人可以自主选择银行，银行也可以自愿选择存款人开立账户。存款人在选择开立银行时要根据下列几种情况权衡其中的利弊关系：

（1）银行信贷资金是否雄厚，能否在单位困难时期提供一定的贷款支持。

（2）银行服务设施及项目是否先进、齐全，能否直接办理异地快速结算。

（3）单位与银行之间的实际距离是否合适。

根据现行的《人民币银行账户管理办法》的有关规定，存款人首先应在银行开立基本存款账户，因为它是存款人办理日常转账结算和现金收付的账户的前提。由于各银行账户的开立程序大体相同，下面以开立基本存款账户的程序为例来说明。

基本存款账户就是人们常说的结算账户。开立基本存款账户的基本程序如下：

（1）审核存款人是否具备开户的基本条件。

存款人开户具备的基本条件主要包括以下几项内容：

①个人开户要有居民身份证和户口簿。

②企业或者个体工商户要有当地工商行政管理部门核发的《企业法人执照》或《营业执照》正本。

③机关、事业单位要有中央或地方编制委员会、人事、民政等部门的批文。

④上述证件准备齐全之后，经公安部门批准刻制与营业执照或文件中名称完全相同的公章与财务章。同时还要具备企业法人名章、财务主管人员名章，以及跑银行财务人员名章。

（2）除个体工商户外，所有企业、单位要向当地计量部门办理代码证。有的地方还要求向当地税务部门领取税务证。

（3）持上述证件向银行（或信用社）申请开户，填写开户申请书（或申请表）。

（4）持开户行签注的"同意在我行（社）开户"的申请书（或申请表）与印章、营业执照正本或文件、代码证、税务证等，到当地人民银行领取《开户许可证》。

（5）将领取的《开户许可证》副本送交开户银行，银行据此立户，并按银行要求在备查印鉴卡上预留印鉴。

（6）向开户银行购买一定数量的转账支票与现金支票。

（7）按银行要求，在开立的账户内转入或存入一定数量的资金，以备使用。

至此，存款人就可以合法使用新开立的银行账户了。

三、如何使用银行账户

根据《人民币银行结算账户管理办法》的有关规定，单位在使用银行账户时，必须遵守如下规定：

（一）单位账户的使用规定

1. 基本存款账户

基本存款账户是存款人的主办账户，存款人在日常经营活动中的资金收付及其工资、奖金和现金的支取，应通过该账户办理。

2. 一般存款账户

一般存款账户用于办理存款人借款转存、借款归还和其他结算的资金收付。该账户可以办理现金缴存，但不得办理现金支取。

3. 专用存款账户

专用存款账户用于办理各项专用资金的收付，该账户在使用中应遵守如下规定：

（1）单位银行卡账户的资金必须由其基本存款账户转账存入，该账户不得办理现金收付业务。

（2）财政预算外资金、证券交易结算资金、期货交易保证金和信托基金专用存款账户不得支取现金。

（3）基本建设资金、更新改造资金、政策性房地产开发资金、金融机构存放同业资金账户需要支取现金的，应在开户时报中国人民银行当地分支行批准。中国人民银行当地分支行应根据国家现金管理的规定审查批准。

（4）收入汇缴账户除向其基本存款账户或预算外资金财政专用存款户划缴款项外，只收不付，不得支取现金。业务支出账户除从其基本存款账户拨入款项外，只付不收，其现金支取必须按照国家现金管理的规定办理。

（5）粮、棉、油收购资金，社会保障基金，住房基金和党、团、工会经费等专用存款账户支取现金应按照国家现金管理的规定办理。

（6）银行应按照本条的各项规定和国家对粮、棉、油收购资金使用管理规定加强监督，对不符合规定的资金收付和现金支取，不得办理。但对其他专用资金的使用不负监督责任。

4. 临时存款账户

临时存款账户用于办理临时机构以及存款人临时经营活动发生的资金收付。该账户在使用中应遵守如下规定：

（1）临时存款账户支取现金，应按照国家现金管理的规定办理。

（2）临时存款账户应根据有关开户证明文件确定的期限或存款人的需要确定其有效期限。存款人在账户的使用中需要延长期限的，应在有效期限内向开户银行提出申请，并由开户银行报中国人民银行当地分支行核准后办理展期。临时存款账户的有效期最长不得超过 2 年。

（3）存款人开立单位银行结算账户，自正式开立之日起 3 个工作日后，方可办理付款业务。但注册验资的临时存款账户转为基本存款账户和因借款转存开立的一般存款账户除外。

（4）注册验资的临时存款账户在验资期间只收不付，注册验资资金的汇缴人应与出资人的名称一致。

（二）个人银行账户的使用规定

个人银行结算账户用于办理个人转账收付和现金存取。下列款项可以转入个人银行结算账户：

（1）工资、奖金收入。

（2）稿费、演出费等劳务收入。

（3）债券、期货、信托等投资的本金和收益。

（4）个人债权或产权转让收益。

（5）个人贷款转存。

（6）证券交易结算资金和期货交易保证金。

（7）继承、赠与款项。

（8）保险理赔、保费退还等款项。

（9）纳税退还。

（10）农、副、矿产品销售收入。

（11）其他合法款项。

单位从其银行结算账户支付给个人银行结算账户的款项，每笔超过 5 万元的，应向其开户银行提供下列付款依据：

（1）代发工资协议和收款人清单。

（2）奖励证明。

（3）新闻出版、演出主办等单位与收款人签订的劳务合同或支付给个人款项的证明。

（4）证券公司、期货公司、信托投资公司、奖券发行或承销部门支付或退还给自然人款项的证明。

（5）债权或产权转让协议。

（6）借款合同。

（7）保险公司的证明。

（8）税收征管部门的证明。

（9）农、副、矿产品购销合同。

（10）其他合法款项的证明。

从单位银行结算账户支付给个人银行结算账户的款项应纳税的，税收代扣单位付款时应向其开户银行提供完税证明。

有下列情形之一的，个人应出具上述的有关收款依据：

（1）个人持出票人为单位的支票向开户银行委托收款，将款项转入其个人银行结算账户的。

（2）个人持申请人为单位的银行汇票和银行本票向开户银行提示付款，将款项转入其个人银行结算账户的。

单位银行结算账户支付给个人银行结算账户款项的，银行应按上述有关规定认真审查付款依据或收款依据的原件，并留存复印件，按会计档案保管。未提供相关依据或相关依据等不符合规定的，银行应拒绝办理。

（三）其他的有关规定

（1）储蓄账户仅限于办理现金存取业务，不得办理转账结算。

（2）银行应按规定与存款人核对账务。银行结算账户的存款人收到对账单或对账信息后，应及时核对账务并在规定期限内向银行发出对账回单或确认信息。

（3）存款人应按照本办法的规定使用银行结算账户办理结算业务。存款人不得出租、出借银行结算账户，不得利用银行结算账户套取银行信用。

四、银行存款账户的变更和撤销

（一）银行存款账户的变更

根据《银行存款账户管理办法》的有关规定，存款人在下列账户资料变更后，应向开户银行办理变更申请：

1. 存款人的账户名称变更

存款人更改名称，但不改变开户银行及账号的，应于5个工作日内向开户银行提出银行结算账户的变更申请，并出具有关部门的证明文件。

2. 其他相关信息变更

其他相关信息主要包括下面几种情况：

（1）法定代表人或主要负责人变更。

（2）住址、邮编、电话等信息变更。

（3）其他开户资料发生变更。

以上信息发生变更时，存款人应于5个工作日内书面通知开户银行并提供有关证明。

银行接到存款人的变更通知后，应及时办理变更手续，并于2个工作日内向中国人民银行报告。

（二）银行结算账户的撤销

银行结算账户的撤销是指存款人的开户资格或其他原因终止银行结算账户使用的行为。

1. 撤销银行结算账户的事由

根据《银行存款账户管理办法》的相关规定，发生下列情形之一的，存款人应向开户银行提出撤销银行结算账户的申请：

（1）注销、被吊销营业执照的。

（2）被撤并、解散、宣告破产或关闭的。

（3）因地址改迁需要变更开户银行的。

（4）其他原因需要撤销银行结算账户的。

存款人有上述情形之一的，应于 5 个工作日内向开户银行提出撤销银行结算账户的申请。

2. 银行存款账户撤销的处理办法

（1）存款人因开户资格或其他原因撤销基本存款账户的，存款人基本存款账户的开户银行应自撤销银行结算账户之日起 2 个工作日内将撤销该基本存款账户的情况书面通知该存款人其他银行结算账户的开户银行；存款人其他银行结算账户的开户银行，应自收到通知之日起 2 个工作日内通知存款人撤销有关银行结算账户；存款人应自收到通知之日起 3 个工作日内办理其他银行结算账户的撤销。

（2）银行得知存款人因注销、被吊销营业执照的或被撤并、解散、宣告破产或关闭的而撤销银行存款账户的情况，如果存款人超过规定期限未主动办理撤销银行结算账户手续的，银行有权停止其银行结算账户的对外支付。

（3）未获得工商行政管理部门核准登记的单位，在验资期满后，应向银行申请撤销注册验资临时存款账户，其账户资金应退还给原汇款人账户。注册验资资金以现金方式存入，出资人需提取现金的，应出具缴存现金时的现金缴款单原件及其有效身份证件。

（4）存款人尚未清偿其开户银行债务的，不得申请撤销该账户。

（5）存款人撤销银行结算账户，必须与开户银行核对银行结算账户存款余额，交回各种重要空白票据及结算凭证和开户登记证，银行核对无误后方可办理销户手续。存款人未按规定交回各种重要空白票据及结算凭证的，应出具有关证明，造成损失的，由其自行承担。

（6）银行撤销单位银行结算账户时应在其基本存款账户开户登记证上注明销户日期并签章，同时于撤销银行结算账户之日起 2 个工作日内，向中国人民银行报告。

（7）银行对一年未发生收付活动且未欠开户银行债务的单位银行结算账户，应通知单位自发出通知之日起 30 日内办理销户手续，逾期视同自愿销户，未划转款项列入久悬未取专户管理。

五、如何管理银行存款账户

（一）管理银行存款账户的原则

为了保证银行结算的顺利进行，各单位必须加强对银行存款账户的管理。根据《银行账户管理办法》的相关规定，管理银行存款账户应遵守的原则如下：

1. 自愿选择的原则

存款人有自主选择银行开立账户的权利，而且任何单位或个人不得强制存款人在银行开户或使用账户。

2. 一个基本账户的原则

存款人只能在银行开立一个基本存款账户，而不能随意开立多个基本存款账户。根据《银行账户管理办法》的有关规定，存款人在银行开立基本存款账户，实行由中国人民银行当地分支机构核发开户许可制度。

3. 存款保密的原则

除了国家法律规定和国务院授权中国人民银行总行的监督项目外，银行不能以任何理由代任何单位或个人查询、冻结、扣划存款人账户内的存款。银行必须依法遵守存款人信息保密的制度，以维护存款人资金的私密性和对资金的自主支配权。

（二）管理银行账户的制度

（1）中国人民银行负责对银行结算账户的开立和使用实施监控和管理。

（2）中国人民银行对存款人、银行违反银行结算账户管理规定的行为予以处罚。

（3）中国人民银行负责基本存款账户、临时存款账户和预算单位专用存款账户开户登记证的管理。任何单位及个人不得伪造、变造及私自印制开户登记证。

（4）银行应明确专人负责银行结算账户的开立、使用和撤销的审查和管理，负责对存款人开户申请资料的审查，并按照本办法的规定及时报送存款人开销户信息资料，建立健全开销户登记制度，建立银行结算账户管理档案，按会计档案进行管理。银行结算账户管理档案的保管期限为银行结算账户撤销后 10 年。

（5）银行负责所属营业机构银行结算账户开立和使用的管理，监督和检查其执行本办法的情况，纠正违规开立和使用银行结算账户的行为。

（6）银行应对已开立的单位银行结算账户实行年检制度，检查开立的银行结算账户的合规性，核实开户资料的真实性；对不符合本办法规定开立的单位银行结算账户，应予以撤销。对经核实的各类银行结算账户的资料变动情况，应及时报告中国人民银行当地分支行。

（7）银行应对存款人使用银行结算账户的情况进行监督，对存款人的可疑支付应按照中国人民银行规定的程序及时报告。

（8）存款人应加强对预留银行签章的管理。

对预留银行签章的管理主要包括以下几个方面的内容：

①单位遗失预留公章或财务专用章的，应向开户银行出具书面申请、开户登记证、营业执照等相关证明文件。

②更换预留公章或财务专用章时，应向开户银行出具书面申请、原预留签章的式样等相关证明文件。

③个人遗失或更换预留个人印章或更换签字人时，应向开户银行出具经签名确认的书面申请，以及原预留印章或签字人的个人身份证件。

④银行应留存相应的复印件，并凭以办理预留银行签章的变更。

◇ 第2堂　银行借款业务的处理

一、银行借款的种类

银行借款是指企业根据其生产经营业务的需要，为了弥补自身资金的不足，向银行借入的款项，这种筹集资金的方法是企业从事生产经营活动资金的重要来源。由于可供选择的银行借款种类很多，出纳人员必须要了解不同种类的借款条件及借款程序和手续，合法而高效地办理银行借款。按不同的标准对银行借款进行不同的分类，该分类标准主要有按借款期限分类、按借款是否需要担保分类和按提供借款的机构分类。

（一）按借款期限分类

按借款期限的长短可分为短期借款、中期借款和长期借款。

1. 短期借款

短期借款是指企业向银行借款的期限在 1 年内（含一年）的借款，该借款主要用于满足生产经营周转需要，或临时性及季节性资金调剂的需要。

2. 中期借款

中期借款是指借款期限在 1 年以上（不含 1 年）5 年以下（含 5 年）的借款，该借款主要用于企业正常生产经营中经常占用的资金。

3. 长期借款

长期借款是指企业借入的期限超过 5 年的借款，该借款主要用于固定资产的更新和改造、固定资产的购建、科研的开发和新产品的试制等。

（二）按借款是否需要担保分类

按借款有无担保可分为担保借款和信用借款。

1. 担保借款

担保借款是以特定的抵押品为担保而取得的借款。如果借款人在规定的期限内无法偿还本借款，银行等债权人有权取消借款人对抵押品的赎回权，并有权处理抵押品，处理后所得的款项用于抵消债权人所欠的本息。

2. 信用借款

信用借款是指借款人不需要提供抵押品，仅凭自身信用或担保人的信誉而取得的借款。由于该类借款风险较大，债权人通常需要提高利息率以获得风险补偿，而且往往附加一定的限制条件。

（三）按提供借款的机构分类

按提供借款的机构可分为商业银行借款、政策性银行借款和其他金融机构借款。

1. 商业银行借款

商业银行借款是指由各商业银行向工商企业提供的借款，主要满足生产经营或建设竞争性项目的资金需求。商业银行的借款有长期借款，也有短期借款。

2. 政策性银行借款

政策性银行借款是由执行国家政策性借款业务的银行负责向企业发放的借款。政策性银行借款一般为长期借款。

3. 其他金融机构借款

其他金融机构借款是指除了银行以外的金融机构向企业提供的借款，该类借款一般比银行借款期限长，利率也比较高，对借款方的信用要求和限制条件也比较严格。

二、借款人应具备的条件

借款人的类别不同，向银行借款时应具备的借款条件也有所不同。借款人的类别主要包括自然人、法人或其他组织。

1. 借款人为自然人

借款人为自然人应具备的借款基本条件主要包括以下内容：

（1）具有完全民事行为能力。

（2）具有合法身份证件或境内有效居住证明。

（3）信用良好。

（4）有稳定的收入或资产，具备按期还本付息的能力。

（5）管理机构另有规定的除外。

2. 借款人为法人或其他组织

借款人为法人或其他组织应具备的借款基本条件主要包括以下内容：

（1）依法办理工商登记的法人已经向工商行政管理部门登记并连续办理了年检手续。

（2）事业法人依照《事业单位登记管理暂行条例》的规定已经向事业单位登记管理机关办理登记或备案。

（3）已开立基本账户、结算账户或一般存款账户。

（4）有合法稳定的收入或收入来源，具备按期还本付息的能力。

（5）按照中国人民银行的有关规定，应持有中国人民银行核准的贷款卡（号）。

（6）管理机构另有规定的除外。

三、银行借款业务处理程序

银行借款业务的处理程序是借款人提出借款申请→银行审查→签订借款合同，各环节需要办理的内容如下：

（一）借款人提出借款申请

在实际工作中，借款人提出借款申请时一般要填写"借款申请书"，并提供以下有关资料：

（1）提供借款人的"贷款证"，以便了解借款人在银行开立基本账户、其他账户的情况以及原有借款的还本付息情况。

（2）借款人上一年度的财务报告及物资材料供应、生产经营、产品销售和出口创汇计划以及有关统计资料。

（3）借款人最近一期财务报告及物资材料供应、生产经营、产品销售和出口创汇计划以及有关统计资料。

（4）借款人上一年度经工商行政管理部门办理年检手续证明文件的复印件。

（5）借款人的财务负责人的资格证书复印件。

（6）借款人的财务负责人的聘用书。

（7）非负债的自筹资金落实情况的证明文件。

（8）购销合同复印件或反映企业资金需求的有关凭证和资料，项目建设书或项目可行性研究报告和国家有关部门的批准文件原件。

（9）贷款银行需要的其他资料。

（二）银行审查

借款人提交"借款申请书"后，贷款银行必须对借款方的申请条件进行审查，以确定是否给予贷款。一般情况下，银行审查的内容主要包括两个方面：

1. 实体审查

实体审查是检查"借款申请书"等有关内容是否真实、正确、合法。如果借款人符合贷款条件，可在"借款申请书"的审查意见栏内注明"同意贷款"字样。

2. 形式审查

形式审查是检查"借款申请书"等有关内容的填写是否符合要求，有关的批准文件、计划是否具备等。

(三) 签订借款合同

借款人的"借款申请书"经银行审查同意后，借贷双方将签订"借款合同"。在"借款合同"中，借贷双方应该明确规定贷款的金额、种类、用途、期限、利率、还款方式、结算办法、违约责任等条款。此外，还包括借贷双方商定的其他事项。

四、银行借款的方法

如今，银行提供的贷款业务成了时代的"新宠"，出纳人员必须了解向银行借款的方法，才能根据单位的需要选择合适的贷款方式，以便能在银行成功贷款。

一般情况下，银行借款的方法主要有以下四种：

(1) 一次申请，集中审核，借款人在一年或一个季度内定期办理一次申请贷款手续，而银行仅进行一次集中审核。这种贷款适用于结算贷款。借款人如果需要这方面贷款时，银行根据可贷款额度定期进行调整。由于该贷款不受指标限制，因此，借款人不必逐项进行申请，只要进行一次申请即可。

(2) 借款人在每年或每季度进行一次申请贷款的手续，银行根据实际情况进行集中审核，并下达一定时期内的贷款指标，借款人在进货时自动增加贷款，销售时直接减少贷款。该贷款方式不定期限，在下达的一定范围内，贷款可以周转使用，如果在特殊情况下，需要突破贷款指标时，则要另外向银行提出申请，银行再根据实际情况，并在一定的额度内调整贷款指标。这种借款方法适用于物资供销贷款和商品流转贷款。

(3) 借款人逐笔申请，银行逐笔核贷，并逐笔核定期限，到期回收的贷款可以周转使用。这种方法是借款人每需要一笔贷款，都要向银行提出申请，银行再对每笔贷款加以审查，而且还要对每笔贷款核定期限，贷款期满则要按期收回。收回的贷款仍可用于银行发放贷款的指标，可以继续周转使用。这种方法适用于工业部门的转贷款。

（4）借款人逐笔申请，银行逐笔核贷，并逐笔核定期限，而且到期回收的贷款不能进行周转使用。这种方法适用于专项贷款，比如，技术改造贷款、基本建设贷款等。

第8天 银行结算业务的管理

◇ 第1堂 认识银行结算业务

一、银行结算的概念和种类

(一) 银行结算的概念

银行结算是指通过银行账户的资金转移所实现收付的一种货币资金结算方式,即不使用现金,通过银行将款项从付款单位(或个人)的银行账户直接划转到收款单位(或个人)的银行账户,以此完成经济之间债权债务的清算或资金的调拨。

银行结算的使用范围除了规定的可以使用现金结算的业务以外,所有的企事业单位和机关、团体等相互之间发生的资金调拨、商业交易、信用往来、劳务供应等,均可以通过银行转账的方式进行结算。

(二) 银行结算的种类

银行结算是商品交换的媒介,也是社会经济活动中清算资金的中介。我国银行结算的方式主要有银行支票、银行本票、银行汇票、商业汇票、银行汇兑、委托收款、托收承付等。

1. 银行支票

银行支票是指出票人签发的,委托办理支票存款业务的银行或者其他金融机构在见票时无条件支付确定的金额给收款人或者持票人的票据。

2. 银行本票

银行本票是指银行向客户收妥款项后签发给的在同城范围内办理转账结算或支取现金的票据。

3. 银行汇票

银行汇票是汇款人将款项交存当地银行，由银行签发给汇款人持往异地办理转账结算或支取现金的票据。

4. 商业汇票

商业汇票是由收款人、付款人或承兑申请人签发，由承兑人承兑，并在到期日向收款人或被背书人支付票款的一种票据。

5. 银行汇兑

银行汇兑是付款单位委托银行将款项汇给外地收款单位或个人的一种结算方式。

6. 委托收款

委托收款是收款人委托银行向付款单位或个人收取款项的一种结算方式。

7. 托收承付

托收承付是销货单位根据经济合同发货后，委托银行向购货单位或个人收取货款，购货单位或个人验单或验货后，向银行承付货款的一种结算方式。

二、银行结算凭证的主要内容

不同的银行结算方式，由于其使用范围、结算程序和结算内容的不同，其结算凭证的格式、办理程序和联次也各不相同。比如，商业汇票结算方式的结算凭证包括商业承兑汇票、银行承兑汇票、银行承兑汇票协议、贴现凭证等。而银行汇票结算方式的结算凭证则主要包括银行汇票、银行汇票委托书等。

即使结算凭证的格式、办理程序和联次各不相同，其具体内容也有较大的差异，但是，各种结算凭证的基本内容则大体相同。一般来说，各种结算凭证主要包括以下几个方面的内容：

（1）银行结算凭证名称。

（2）银行结算凭证签发日期。

(3) 收付款单位的名称。

(4) 收付款单位开户银行名称和账号。

(5) 银行结算凭证联次。

(6) 银行结算凭证用途。

(7) 银行结算内容。

(8) 银行结算金额。

(9) 银行结算单位和其负责人签字盖章。

三、银行结算凭证的填写要求

银行的各种结算凭证直接关系到资金结算的安全性、及时性和准确性。同时，各种结算凭证还是单位、银行和个人记录明确经济责任、经济业务的书面证明。银行结算凭证作为办理现金收付和转账结算的重要依据，各单位和有关个人必须严格按照规定认真填写。而且银行对结算凭证的要求也极为严格，如不规范填写，银行将不予受理。

各单位在规范填写银行结算凭证时，应按以下几点要求来进行：

1. 规范地填写结算凭证上的金额数字

(1) 大写金额数字一律用正楷或行书书写。

(2) 小写金额不得连笔写。

(3) 金额大、小写不准更改。

(4) 大写金额前面不留空白。中文大写金额数字前应标明"人民币"字样，金额大写后面加"整"字，但是中文大写金额数字有"分"的，"分"后不写"整"字。

(5) 小写金额前加"¥"符号封头。分位和角位为"0"时，一定要写上"0"，而不能空着。

2. 规范地填写票据日期

为了防止填好的票据被修改，在填写票据日期时，应严格按照规范的中文填写。一般情况下，填写出票日期的基本规定主要包括以下几点：

(1) 票据的出票日期必须使用中文大写。

（2）在填写月、日时，如果月为1、2、3、4、5、6、7、8、9和10的，日为1~9和10、20和30的，应在其前加"零"。比如"2月21日"应写为"零贰月二十一日"。

（3）在填写月、日时，如果日为11~19的，月为11和12的，应在其前加"壹"。比如，"11月12日"应写成"壹拾壹月壹拾贰日"。

3. 认真、完整地填写凭证内容

（1）单位和银行的名称必须用全称，异地结算应冠以省（自治区、直辖市）、县（市）字样。

（2）对于接受凭证上所列的收付款人和开户单位名称、账户、日期、大小写金额、收付款地点、用途等，要逐项认真填写，不得省略、简写或遗漏。但是，对于军队一类保密单位使用的银行结算凭证可免填写用途。

（3）银行结算凭证的填写必须做到内容真实、要素齐全、字迹清楚、数字正确，不得错漏、潦草，严禁乱涂乱改。

◇ 第2堂 银行支票结算业务处理

一、银行支票的种类

出纳人员在初步了解银行结算知识之后，有必要对支票结算方式有一个详尽的、系统的了解，这样才能在日常的工作中有效地运用各种结算方式，提高自己的工作效率。

按照支付票款的方式，支票可分为普通支票、现金支票和转账支票三种。

1. 普通支票

普通支票既可以用来支取现金，也可以用来转账，因此，它包括现金支票和转账支票。普通支票用于转账时，应当在支票正面注明，还要在左上角划两条平行线，这一注明方式一般是在支票上划线，未划线者可用于支取现金。

2. 现金支票

支票中专门用于支取现金的，可以另行制作现金支票，现金支票只能用于支取现金。现金支票一般有两种形式：一种是支票上印有“现金”字样的支票，这种支票只能用于支取现金；另一种是未印有“现金”或“转账”字样的普通支票，这种支票既可以用于支取现金，也可以用于转账，其基本格式如图 8–1 所示。

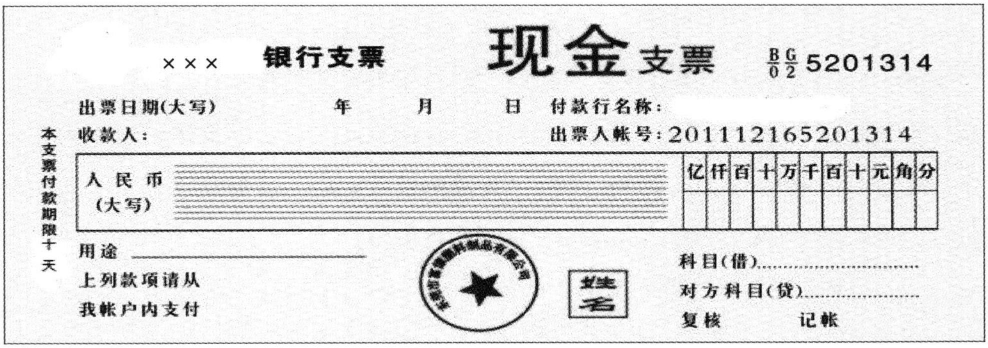
×××　银行支票　现金支票　BG 02 5201314
出票日期(大写)　年　月　日　付款行名称：
收款人：　出票人帐号：201112165201314
本支票付款期限十天
人民币（大写）　亿 仟 百 十 万 千 百 十 元 角 分
用途
上列款项请从
我帐户内支付
科目(借)
对方科目(贷)
复核　记帐

图 8–1　现金支票

3. 转账支票

转账支票专门用于转账，不得以现金支付，它是仅以记入收款人账户的方式支付的支票。日内瓦《统一支票法》第 39 条规定，支票发票人或持票人需要在支票正面记载“转账”或同义的字样，使传票成为转账支票。转账支票的作用在于使支票流向便于查考。该支票的基本格式如图 8–2 所示。

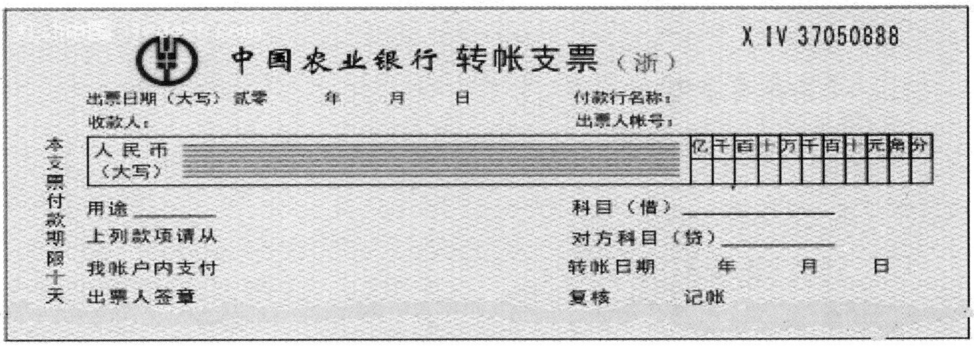
X IV 37050888
中国农业银行 转帐支票（浙）
出票日期（大写）贰零　年　月　日　付款行名称：
收款人：　出票人帐号：
本支票付款期限十天
人民币（大写）　亿 千 百 十 万 千 百 十 元 角 分
用途
上列款项请从
我帐户内支付
出票人签章
科目（借）
对方科目（贷）
转帐日期　年　月　日
复核　记帐

图 8–2　转账支票

持票人持有转账支票的，必须将支票存入自己的账户，然后再从自己账户中提取现金。付款人违反关于转账的规定而付款者应负损害赔偿之责，赔偿金额与支票金额相同。

二、支票的运用范围

我们习惯上所说的现金支票和转账支票均属于普通支票。此外，还有一种支票，那就是定额支票。由于定额支票不仅具有特殊用途，实际上还可以作为"现金"使用，除农产品收购单位使用外，其他单位不使用。普通支票和定额支票两种支票的用途不同，因此，其运用范围也各不相同。

（一）普通支票的运用范围

普通支票适用于单位、个体经济户和个人在同城或票据交换地区的商品交易和供应以及其他款项的结算。

（二）定额支票的运用范围

定额支票是收购单位将款项交存银行，由银行开给用于向农民支付收购农副产品款项的专用票据。定额支票的面额和结算期由中国人民银行省、自治区、直辖市分行根据需要确定。定额支票自银行签发后生效。定额支票不记名、不挂失。

定额支票属有价凭证，要严格办理手续，妥善保管。单位或银行如因被盗、丢失造成资金损失，应自行负责。

三、支票结算的基本程序

支票的种类不同，其结算的程序也有差异。下面分别介绍现金支票、转账支票以及定额支票结算的基本程序。

（一）现金支票结算的基本程序

（1）开户单位用现金支票提取现金时，由单位出纳人员签发现金支票并加盖银行预留印鉴，再到开户银行提取现金。

（2）开户单位用现金支票向外单位或个人支付现金时，由付款单位出纳人员签发现金支票并加盖银行预留印鉴和注明收款人后交收款人，收款人持现金支票到付款单位开户银行提取现金，并按照银行的要求交验有关证件。

（二）转账支票结算的基本程序

转账支票根据签发人不同，其结算的基本程序也有所不同。

1. 由签发人交签发人开户银行办理结算

开户银行办理结算的程序为：

（1）签发转账支票并填进账单办理转账。

（2）银行间办理划拨。

（3）收款人开户银行下收款通知。

2. 由签发人交收款人办理结算

收款人办理结算的程序为：

（1）付款人签发转账支票交收款人。

（2）收款人持票并填进账单到开户银行办理入账。

（3）银行间办理划拨。

（4）收款人开户银行下发收款通知。

单位将转账支票送存开户银行进账、汇款，或将现金送存开户银行，均应填写进账单向银行办理进账手续。进账单第一联为回单或收款通知联，是收款人开户银行交给收款人的回单；第二联为收入凭证联，此联由收款人开户银行做收入传票。

（三）定额支票结算的基本程序

（1）将款项交存银行申请签发定额支票，银行签发后交给付款人。

（2）付款人将定额支票交收款人。

（3）收款人将定额支票交银行。

（4）收款人是个人的，银行支付给收款人现金；收款人是单位的，通过银行划拨。

四、支票结算应注意的问题

企业在进行银行支票结算时，应注意的问题如下：

1. 支票记载时的注意事项

支票在记载时必须填写下列事项：

（1）表明"支票"的字样。

（2）无条件支付的委托。

（3）付款人名称。

（4）确定的金额。

（5）出票人签章。

（6）出票日期。

如果支票上未记载上述规定的事项之一，则该支票视为无效。

2. 支票结算时的注意事项

（1）支票应由财会人员或使用人员签发，不得将支票交给收款人代为签发。

（2）支票存根要同其他会计凭证一样妥善保管。

（3）存款人向开户银行领取支票时，必须填写支票领用单，并加盖预留银行印鉴章，经银行核对印鉴相符后，按规定收取工本费和手续费，然后才发给空白支票，还要在支票登记簿上注明存款人名称、支票起止号码和领用日期，以备日后查对。

（4）银行出售支票，每个账户只准一次一本，业务量大的可以适当放宽。出售时应在每张支票上加盖本行名称和存款人账号。

（5）严格控制携带空白支票外出采购。对事先不能确定采购物资单价、金额的，经单位领导批准，可将填明收款人名称和签发日期、明确了款项用途和款项限额后，再把支票交给采购人员，使用支票人员回单位后必须及时向财务部门结算，款项限额的办法是在支票正面用文字注明所限金额，并在小写金额栏内用"*"填定数位。

（6）单位撤销、合并结清账户时，应将剩余的空白支票填列一式两联清单，全部交回银行注销。清单一联由银行盖章后退交收款人，一联做清户传票附件。

3. 收回支票审核时的注意事项

收款人在接受付款人交来的支票时，应注意审核以下内容：

（1）支票是否按规定用墨汁或碳素墨水填写。

(2)支票签发人及其开户银行的地址是否在本结算区。

(3)支票签发日期是否在付款期内。

(4)大小写金额是否一致。

(5)大小写金额、签发日期和收款人名称有无更改。

(6)支票收款人或被背书人是否确为本收款人。

(7)背书转让的支票其背书是否连续,有无"不准转让"字样。

(8)其他内容更改后是否加盖印鉴证明。

(9)签发人盖章是否齐全等。

◇ 第3堂 银行本票结算业务处理

一、银行本票的种类

银行本票按照其金额是否固定可分为定额银行本票和不定额银行本票两种。

1. 定额银行本票

定额银行本票是指凭证上预先印有固定面额的银行本票。根据《支付结算办法》的有关规定,定额银行本票的面额为1 000元、5 000元、10 000元和50 000元。定额银行本票的一般格式如图8-3所示。

图8-3 定额银行本票

2. 不定额银行本票

不定额银行本票是指凭证上金额栏是空白的，签发时根据时间需要填写金额，并用压数机压印的银行本票。不定额银行本票的一般格式如图8-4所示。

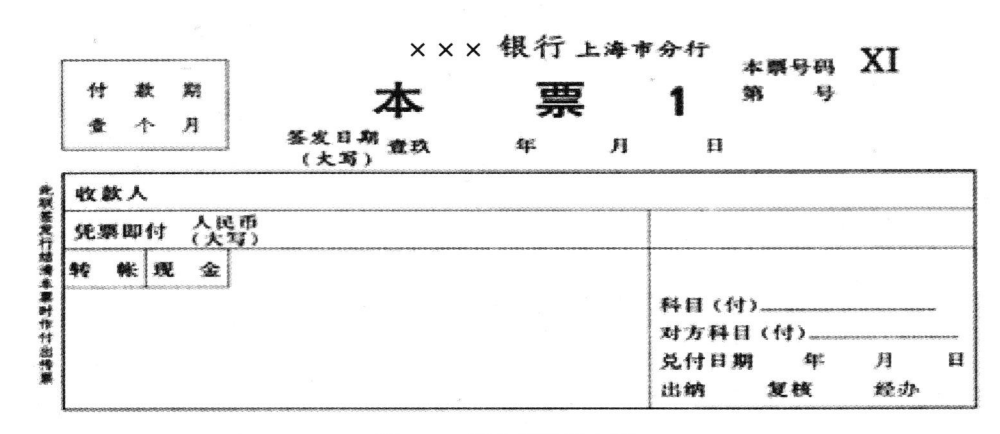

图8-4 不定额银行本票

二、银行本票结算的基本程序

（一）银行本票结算的基本程序

银行本票结算是指利用银行本票办理转账结算的结算方式。银行本票的结算程序如下：

（1）付款人申请签发银行本票。

（2）付款人开户行签发银行本票。

（3）付款人持银行本票办理款项结算。

（4）收款人向银行办理收账。

（5）收款人开户行办理结算。

（6）付款人开户行划转款项。

（7）收款人开户行款项收妥入账。

（二）付款单位办理银行本票结算的程序

付款单位使用银行本票办理结算，应按如下规定的程序办理：

1. 申请签发银行本票

申请人办理银行本票时应向银行填写一式三联“银行本票申请书”，第一联由签发单位或个人留存，第二联由签发行办理本票的付款凭证，第三联由签发行办理本票的收款凭证。其格式由中国人民银行各分行确定和印制，在此申请书上应详细填明收款人名称，个体经济户和个人需要支取现金的并应填明“现金”字样。如申请人在签发银行有账户，则应在“银行本票申请书”上加盖预留银行印鉴。“银行本票申请书”的基本格式如图 8–5 所示。

银行本票申请书（存　根）　①　NO: 000375

申请日期　　年　　月　　日

申请人		收款人		此联申请人留存
账　号 或住址		账　号 或住址		
用　途		代理 付款行		
款项金额	人民币 （大写）	万 千 百 十 万 千 百 十 元 角 分		
备注：		科目＿＿＿＿ 对方科目＿＿＿＿ 财务主管　复核　经办		

图 8–5　银行本票申请书

2. 签发银行本票

签发银行受理“银行本票申请书”后，应认真审查申请书填写的内容是否正确。审查无误后，办理收款手续。付款单位在银行开立账户的，签发银行直接从其账户划拨款项；付款人用现金办理本票的，签发银行直接收取现金。银行按照规定收取办理银行本票的手续费，其收取的办法与票款相同。

对于银行按规定收取的办理银行本票手续费，付款单位应当编制银行存款或现金付款凭证，其会计分录为：

借：财务费用——银行手续费

　　贷：银行存款或现金

付款单位收到银行本票和银行退回的“银行本票申请书”存根联后，财务部门根据“银行本票申请书”存根联编制银行存款付款凭证，其会计分录为：

借：其他货币资金——银行本票

    贷：银行存款

3. 持票购货

付款单位收到银行签发的银行本票后，即可持银行本票向其他单位购买货物，办理货款结算。付款单位可将银行本票直接交给收款单位，然后根据收款单位的发票账单等有关凭证编制转账凭证，其会计分录为：

借：材料采购（或商品采购）

    贷：其他货币资金——银行本票

如果实际购货金额小于银行本票金额，则由收款单位用支票或现金退回多余的款项，付款单位应根据有关凭证，按照退回的多余款项编制银行存款或现金收款凭证，其会计分录为：

借：银行存款（或现金）

    贷：其他货币资金——银行本票

如果实际购货金额大于银行本票金额，付款单位可以用支票或现金等补齐不足的款项，同时根据有关凭证按照不足款项编制银行存款或现金付款凭证，其会计分录为：

借：材料采购（或商品采购等）

    贷：银行存款（或现金）

收款单位收到付款单位交来的银行本票后，首先应对银行本票进行认真的审查。审查的内容主要是：

（1）银行本票上加盖的汇票专用章是否清晰。

（2）银行本票上的收款单位或被背书人是否为本单位，其背书是否连续。

（3）银行本票中的各项内容是否符合规定。

（4）银行本票是否在付款期内。（付款期限为两个月）

（5）定额银行本票是否有压数机压印的金额，本票金额大小写数与压印数是否相符。

审查无误后，受理付款单位的银行本票，填写一式两联"进账单"，并在银行本票背面加盖单位预留银行印鉴，将银行本票连同进账单一并送交开户银行。

收款单位应根据银行退回的进账单第一联及有关原始凭证编制银行存款收款凭证，其会计分录为：

借：银行存款
　　贷：商品销售收入（或产品销售收入）
　　　　应交税费——应交增值税（销项税额）

如果收款单位收到的银行本票金额大于实际销售金额，则收款单位应用支票或现金退回多余的款项。一般情况下，收款单位可以在收到本票时，根据有关发票存根等原始凭证按照实际销售金额编制转账凭证，其会计分录为：

借：其他货币资金——银行本票
　　贷：产品销售收入（或商品销售收入）
　　　　应交税费——应交增值税（销项税额）
　　　　应付账款——××付款单位

按照用支票或现金退回的金额编制银行存款或现金付款凭证，其会计分录为：

借：应付账款——××付款单位
　　贷：银行存款（或现金）

将银行本票送存银行，办理进款手续后，再根据银行退回的进账单编制银行存款收款凭证，其会计分录为：

借：银行存款
　　贷：其他货币资金——银行本票

三、银行本票结算和背书转让的基本规定

1. 银行本票结算的基本规定

（1）不定额银行本票的金额起点为100元，定额银行本票面额为1 000元、5 000元、10 000元、50 000元。

（2）银行本票的付款期自出票日起最长不超过两个月（不分大月小月，均按次月对日计算，到期日若遇到例假日应顺延）。

（3）逾期的银行本票，兑付银行不予受理，但可以在签发银行办理退款。

（4）银行本票在指定城市的同城范围内使用。

(5) 银行本票见票即付，不予挂失。

(6) 遗失的不定额银行本票在付款期满后一个月确未被冒领的，可以办理退款手续。

(7) 银行本票一律记名，允许背书转让。

2. 银行本票背书转让的基本规定

按照规定，银行本票一律记名，允许背书转让。因此，收款人可以按照规定将银行本票背书转让给被背书人。在背书转让的时候，应注意的问题如下：

(1) 银行本票的持有人转让本票时，应在本票背面"背书"栏内背书，加盖本单位预留银行印鉴，还要注明背书日期；在"被背书人"栏内填写受票单位名称，之后将银行本票直接交给被背书单位，同时向被背书单位交验有关证件，以便被背书单位查验。

(2) 银行本票的背书必须是连续的，即银行本票上的任意一个被背书人就是紧随其后的背书人，并连续不断。如果银行本票的签发人在本票的正面注有"不准转让"字样，则该本票不得背书转让；背书人也可以在背书时注明"不准转让"，以禁止本票背书转让后再转让。

(3) 被背书人接受背书的本票时，应先进行审查，其审查内容与收款单位审查内容大致一样。即注意审查背书是否连续、背书人的签章是否符合规定、背书使用的粘单是否按规定签章等。此外，还要审查内容是否合法、正确、完整。

如果收款单位将收受的银行本票准备背书转让给其他单位时，应根据有关原始凭证编制转账凭证，其会计分录为：

借：其他货币资金——银行本票

贷：产品销售收入（或商品销售收入等）

应交税费——应交增值税（销项税款）

如果用收受的银行本票准备偿还债务时，应根据有关原始凭证编制转账凭证，则其会计分录为：

借：应付账款

贷：其他货币资金——银行本票

如果用收受的银行本票准备购买物资时，应根据发票账单等原始凭证编制转账凭证，其会计分录为：

借：材料采购（或商品采购等）

　　应交税费——应交增值税（进项税额）

　　贷：其他货币资金——银行本票

四、银行本票的保管和退款

（一）银行本票的保管

银行本票见票即付，其流动性极强，银行不予挂失。一旦遗失或被窃，被人冒领款项，后果由银行本票持有人自负。所以银行本票持有人必须如同对待现金那样，认真、妥善保管银行本票，防止遗失或被窃。

（二）银行本票的退款

1. 不定额银行本票的退款

按照规定，超过付款期限的不定额银行本票在办理退款时要同时具备下列两个条件：

（1）持票人为银行本票的收款单位。

（2）该银行本票由签发银行签发后未曾背书转让。

付款单位在办理退款手续时，首先应填制一式两联“进账单”连同银行本票一并送交签发银行。“进账单”的基本格式如图 8–6 所示。

×××银行进帐单（回　单）　1

年　　月　　日

出票人	全　称		收款人	全　称	
	帐　号			帐　号	
	开户银行			开户银行	
金额	人民币（大写）			亿 千 百 十 万 千 百 十 元 角 分	
票据种类		票据张数			
票据号码					
复核：　记帐：			开户银行签章		

此联是开户银行交给持票人的回单

图 8–6　进账单

签发银行审查同意后在第一联进账单上加盖"转讫"章退给付款单位作为收账通知。付款单位凭银行退回的进账单第一联编制银行存款收款凭证，其会计分录为：

借：银行存款
　　贷：其他货币资金——银行本票

2. 定额银行本票的退款

如果丢失的是定额银行本票，并且在付款期满一个月时间里确实没有被冒领的，可以到银行办理退款手续。

在办理退款手续时，应向签发银行出具盖有单位公章的遗失银行本票退款申请书，连同填制好的一式两联进账单同时交予银行办理退款，并根据银行退回的进账单第一联编制银行存款收款凭证，其会计分录同上。

◇ 第4堂　银行汇票结算业务的处理

一、银行汇票结算的特点

银行汇票也是常见的结算形式，出纳人员在进行银行汇票的结算时要先了解其特点。银行汇票结算的主要特点包括以下几个方面：

1. 票随人走，钱货两清

（1）银行汇票结算，购货单位交款，银行开票，票随人走。

（2）购货单位购货给票，销售单位验票发货，一手交票，一手交钱。

银行汇票方式是银行见票付款，这样可以减少结算环节，缩短结算资金在途时间，方便购销活动。

2. 付款有保证

银行汇票是以银行信用作保证，在银行结算时，不会出现无款支付和"空头"的情况。

3. 适用范围广

银行汇票是异地结算中较为广泛的一种结算方式，其适用范围主要包括以下几个方面：

（1）适用于在银行开户或未在银行开户的单位、个体经济户和个人。

（2）适用于在异地进行商品交易、劳务供应和其他经济活动及债权债务的结算。

（3）既可以用于转账结算，也可以支取现金。

4. 使用灵活

持票人可以一笔转账，可以分次付款，也可以通过银行办理转汇，还可以将银行汇票背书转让。

5. 兑现性强

银行汇票以银行信用作为保证，具有较高的信誉，银行保证支付，不会出现"空头"或无可支付的情况，收款人只要持有票据，就可以安全及时地到银行支取款项。比如，在异地付款需支付现金时，只要在汇款时向银行说明用途或以现金交汇，由汇出银行在签发银行汇票"汇款金额"栏大写金额前注明"现金"字样，就可以在兑付银行支取现金。而且，银行内部有一套严密的处理程序和防范措施，只要汇款人严格按照银行规定的汇票结算处理程序办理，就能保证汇款的安全。如果汇款人把汇票丢失，而且确属现金汇票，汇款人可以向银行办理挂失，银行可以协助防止款项被他人冒领。

6. 余款自动退回

由于购票单位的具体购货金额很难确定，往往会出现汇多用少的情况，有时候多余款项会因为长时间得不到清算，从而给购货单位带来损失和不便。而银行汇票这种结算方式则避免了以上情况的发生。单位持银行汇票购货，凡在汇票的汇款金额之内的，可根据实际采购金额办理支付，多余款项将由银行自动退回，这样就能有效地防止交易尾欠的发生。

二、银行汇票的基本规定

任何单位、个体经济户和个人需要支付各种款项，均可使用银行汇票。根据我国《票据法》的有关规定，银行汇票结算的基本规定如下：

（1）银行汇票一律为记名式，即必须记载收款人的姓名。

（2）汇款金额起点为 500 元。

(3) 付款期限为一个月。这里所说的付款期是从签发之日起到办理兑付之日止。逾期的汇票，兑付银行不予受理，原汇款人只能向签发行请求退款。

(4) 汇票上记载的事项有：汇款人、发票日（签发日期）、付款地（兑付地点）、三个金额（汇款金额、实际结算金额、多余金额）、付款日（兑付日期）。银行汇票的基本格式如图 8–7 所示。

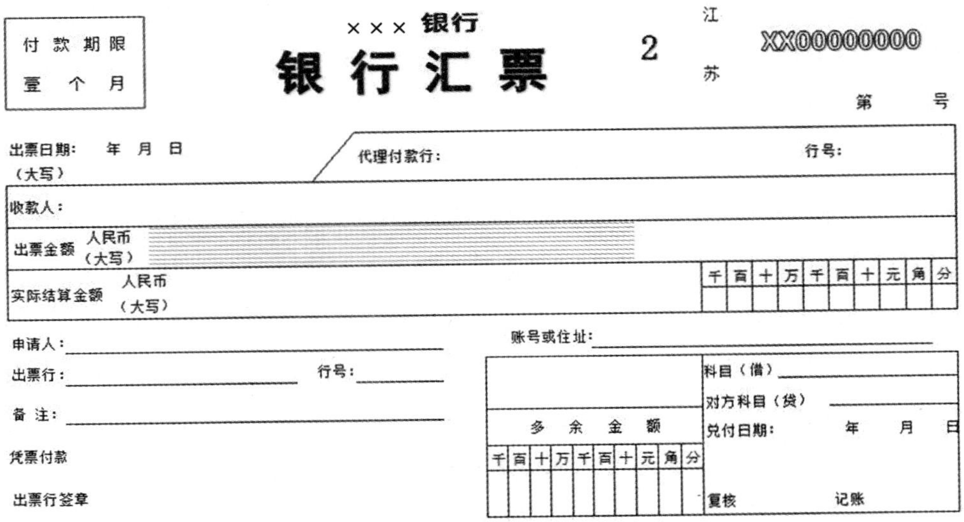
付款期限 壹个月

×××银行

银行汇票 2

江苏

XX00000000

第 号

出票日期：年 月 日（大写）

代理付款行： 行号：

收款人：

出票金额 人民币（大写）

实际结算金额 人民币（大写）

千	百	十	万	千	百	十	元	角	分

申请人： 账号或住址：

出票行： 行号：

备 注：

凭票付款

出票行签章

多余金额

千	百	十	万	千	百	十	元	角	分

科目（借）

对方科目（贷）

兑付日期：年 月 日

复核 记账

图 8–7 银行汇票

(5) 汇款人填写“银行汇票委托书”，向签发行申请办理银行汇票，详细填明兑付地点、收款人名称、汇款用途（军工产品可免填）等。

(6) 签发银行受理委托书，在收妥款项后，签发银行汇票，将汇票和解讫通知一并交给汇款人。

(7) 汇票可以背书转让。汇票反面有背书栏，有填写被背书人和背书人的地方。汇票反面有记载收款人证件的地方。

(8) 汇款人持汇票到兑付地点，或支取现金，或者与填明的收款人办理结算。收款人也可以用背书方式将汇票交给被背书人，办理结算。

(9) 收款人（包括被背书人）将汇票与解讫通知提交兑付行。收款人在银行开有账户的可在汇票背面加盖印章，并填写进账单，连同汇票、解讫通知交开户银行办理转账。未在银行开立账户的在交验证件后可支取现金。

（10）收款人或被背书人在收受汇票时应审查的内容：

①收款人或被背书人确为本收款人。

②汇票未逾期，日期金额等填写无误。

③银行汇票和解讫通知齐全并相符。

④汇款人或背书人证件无误，背书人证件上的姓名与其背书相符。

⑤审查完毕后将实际结算金额和多余金额填入汇票和解讫通知。

（11）兑付行转账或付款后将解讫通知送交签发行。签发行将多余款收账通知单交给汇款人。汇款人可凭此领取多余款项。

（12）汇款人可以要求签发行办理退款。

（13）汇票遗失时，持票人应立即向兑付行或签发行挂失。挂失前被冒领，银行不负责任。如在付款期满后一个月未被冒领，银行可以退款。

三、银行汇票结算的程序

银行汇票适用于先收款后发货或钱货两清的商品交易，不受是否在银行开户的限制，单位和个人均可适用，而且银行汇票既可以用于转账，也可以用于支取现金，因此，其适用范围很广泛。出纳人员要对银行汇票的结算流程有一定的了解，以便各项交易的顺利进行。银行汇票结算要经过承汇、结算、兑付和结清余额四个步骤，其具体结算程序如下：

（1）汇款单位或个人向银行提交银行汇票的申请书，委托银行办理汇票。银行汇票的申请书如图8-8所示。

（2）汇款人开户银行签发汇票。

（3）收款单位或个人使用汇票结算。

（4）收款人开户银行持汇票进账或取款。

（5）汇款人开户银行通知银行汇票已解付。

（6）收款人开户银行结算划拨。

（7）汇款人开户银行结算汇票退还余额。

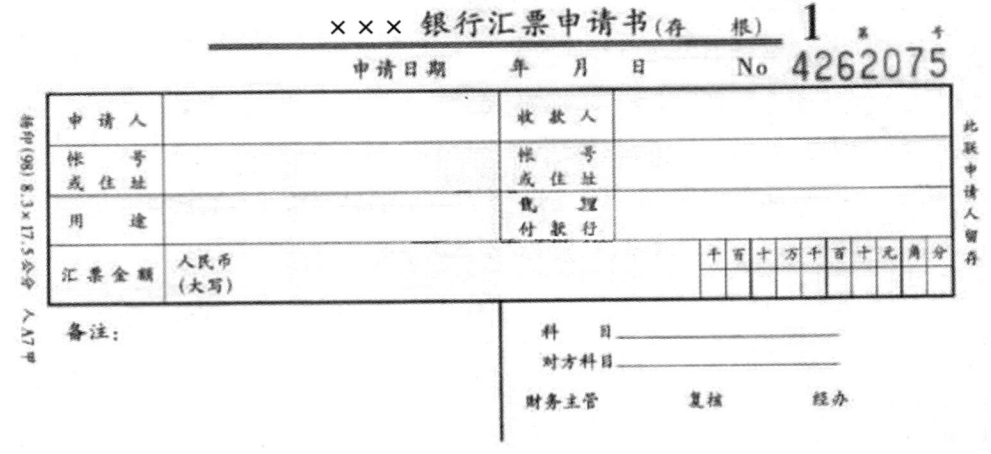

图 8-8　银行汇票申请书

四、银行汇票丢失的处理和退款

（一）银行汇票丢失的处理

如果银行汇票因不慎或其他原因丢失，应分别按照下列情况进行处理：

1. 收款单位丢失

（1）收款单位（或持票人）丢失的是可以支取现金的银行汇票，其丢失办理程序如下：

①向银行申请挂失。单位向银行申请挂失时，应填写一式三联"汇票挂失申请书"。

②将"汇票挂失申请书"送交汇票指定的兑付银行或签发银行申请挂失止付。

③经银行审查同意后，挂失申请单位向银行交付手续费，去银行办理挂失手续并迅速与汇款单位联系，说明汇票丢失情况，请其另行汇款，以便及时办理结算。

（2）收款单位（或持票人）丢失的银行汇票是已填写收款单位名称，但没有指定汇入银行的转账汇票，由于这种汇票没有指定汇入银行，而且可以直接到收款单位去提货。因此，银行不予挂失，但可向收款单位说明情况，请求其协助防范。

（3）收款单位（或持票人）丢失的是填写持票人姓名的转账汇票，由于这种汇票可以背书转让，没有确定收款和兑付银行，所以很难找到对方单位请求协助，可以要求银行予以协助。

2. 汇款单位丢失

汇款单位丢失现金汇票向银行申请挂失的，也应填写一式三联"汇票挂失申请书"向兑付银行办理挂失，取得银行受理挂失的回单后，立即将汇票挂失回单返回本单位交给财会部门妥善保管，待付款期满一个月后，确未冒领的由汇票签发银行办理退汇。

(二) 银行汇票退款处理

汇票退款的情况往往是因汇票超过了付款期限或其他原因没有使用汇票款项，退款时可以分情况向签发银行申请退款。

1. 在银行开立账户的汇款单位要求退款

向签发银行要求退款时，汇款单位应当备函向签发银行说明退款原因，并将未使用的"银行汇票联"和"解讫通知联"交回签发银行办理退款。银行将"银行汇票联"和"解讫通知联"与办理时留存的"银行汇票卡片联"核对无误后，办理退款手续，并将汇款金额划入汇款单位账户。

2. 未在银行开立账户的汇款单位要求退款

向签发银行要求退款时，汇款单位应将未使用的"银行汇票联"和"解讫通知联"交回汇票签发银行，并向银行交验申请退款单位的有关证件，经汇票签发银行审核后办理退款手续。

3. 汇款单位因缺失"银行汇票联"或"解讫通知联"不能办理兑付而退款

向签发银行要求退款时，汇款单位应将剩余的一联退给汇票签发银行并备函说明短缺其中一联的原因，经汇票签发银行同意后办理退款手续。

◇ 第5堂 商业汇票结算业务的处理

一、商业汇票的分类和结算原则

(一) 商业汇票的分类

商业汇票根据不同的承兑人，可分为商业承兑汇票和银行承兑汇票两种。

1. 商业承兑汇票

商业承兑汇票是指由银行以外的企事业单位承兑的汇票，它适用于在银行开立账户的法人之间根据购销合同进行的商品交易，在同城和异地均可使用。商业承兑汇票的特点是无金额起点的限制，付款人为承兑人，出票人可以是收款人也可以是付款人，可以贴现，也可以背书转让。在一般的商业活动中，出纳人员接触的主要是商业承兑汇票。

2. 银行承兑汇票

银行承兑汇票是指由银行承兑的汇票，它适用于国有企业、集体所有制工业企业、股份制企业以及"三资"企业之间根据购销合同进行的商品交易。其他的法人和个人不得使用银行承兑汇票。银行承兑汇票的特点是无金额起点限制，第一付款人是银行，出票人必须在承兑（付款）银行开立存款账户，可以贴现和背书转让。

（二）商业汇票的结算原则

商业汇票结算方式适用于企业先发货后收款，或者是双方约定近期付款的商品交易，同城和异地均可使用。出纳人员在使用商业汇票时必须遵守以下原则：

（1）签发商业汇票必须以合法的商品交易为基础，禁止签发无商品交易的汇票。

（2）商业汇票经承兑后，承兑人负有到期无条件支付票款的责任。

（3）使用商业汇票的单位必须是在银行开立账户的法人。

（4）商业汇票承兑期限最长不得超过 6 个月。如属分期付款，应一次签发若干张不同期限的汇票。

二、商业承兑汇票的结算

1. 商业承兑汇票的基本规定

（1）商业承兑汇票可分别由双方约定签发。若由收款人签发的商业承兑汇票，应由付款人承兑；若由付款人签发的商业承兑汇票，应由本人承兑。

（2）付款人必须在商业承兑汇票正面签署"承兑"字样并加盖预留银行印章后，将商业承兑汇票交给收款人。

（3）付款人应于商业承兑汇票到期前将票款足额交存其开户银行，银行于到期日凭票将款项从付款人账户划转给收款人或贴现银行。

（4）付款人对其所承兑的汇票负有到期无条件支付票款的责任。

（5）如果汇票到期时，付款人银行存款账户上不足支付票款，银行将不承担付款责任而只负责将汇票退给收款人，由收付双方自行处理。同时，银行对付款人按照签发空头支票的有关罚款规定，处以罚金。

2. 商业承兑汇票的结算程序

（1）收款人或付款人签发商业承兑汇票。

（2）付款人送交经承兑的商业承兑汇票。

（3）收款人汇票到期办理委托收款。

（4）收款人开户银行办理委托收款收取票款。

（5）付款人汇票到期前送存款项。

（6）付款人开户银行划出票款。

（7）收款人开户银行票款入账。

3. 商业承兑汇票的账务处理

（1）付款单位的账务处理。

①汇票到期支付票款时，购货企业收到开户银行的付款通知，应做会计分录如下：

借：应付票据——商业承兑汇票
　　贷：银行存款

②购货单位购货时签发商业承兑汇票交销货单位，应做会计分录如下：

借：商品采购
　　应交税金——应交增值税（进项税额）
　　贷：应付票据——商业承兑汇票

（2）收款单位的账务处理。

①销货企业把将要到期的汇票交存开户银行办理收款手续以后，接到银行收款通知时应做会计分录如下：

借：银行存款

贷：应收票据——商业承兑汇票

②销货企业收到购货企业交来已承兑的商业承兑汇票，应做会计分录如下：

借：应收票据——商业承兑汇票

贷：应交税金——应交增值税（销项税额）

商品销售收入

4. 商业承兑汇票的基本格式

商业承兑汇票的基本格式如图8-9所示。

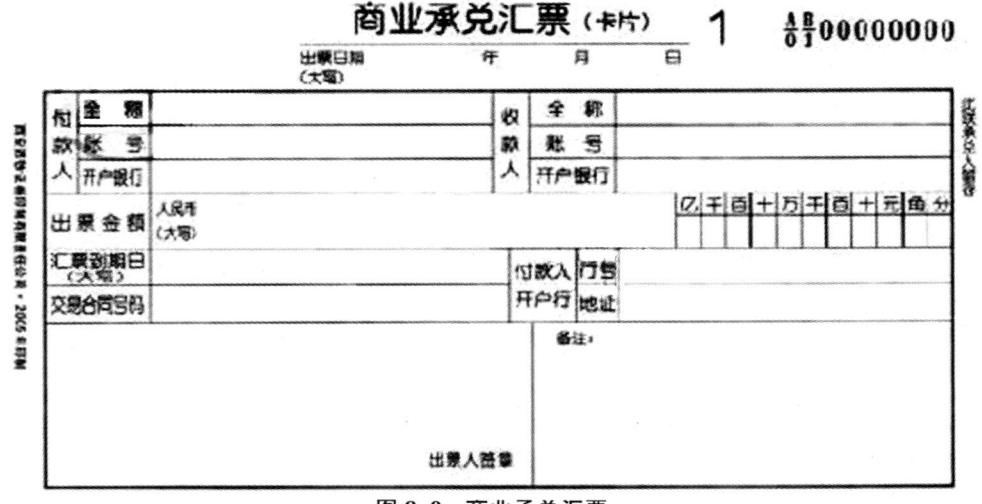

图8-9 商业承兑汇票

三、银行承兑汇票的结算

1. 银行承兑汇票的出票人具备的条件

对出票人签发的商业汇票进行承兑是银行基于对出票人资信的认可而给予的信用支持。该出票人应具备如下条件：

（1）与承兑银行具有真实的委托付款关系。

（2）在承兑银行开立存款账户的法人以及其他组织。

（3）能提供具有法律效力的购销合同及其增值税发票。

（4）有足够的支付能力、良好的结算记录和结算信誉。

（5）与银行信贷关系良好，无贷款逾期记录。

（6）能提供相应的担保，或按要求存入一定比例的保证金。

2. 银行承兑汇票签发和兑付的程序

（1）收款人或付款人签发银行承兑汇票。

（2）付款人向银行申请承兑。

（3）付款人与银行签订协议办理承兑。

（4）付款人送交经承兑的银行承兑汇票。

（5）收款人开户银行汇票到期办理进账。

（6）收款人开户银行票款入账。

（7）付款人开户银行收回票款或转逾期贷款。

（8）收款人开户银行清算票款。

3. 银行承兑汇票的基本格式

银行承兑汇票的基本格式如图8-10所示。

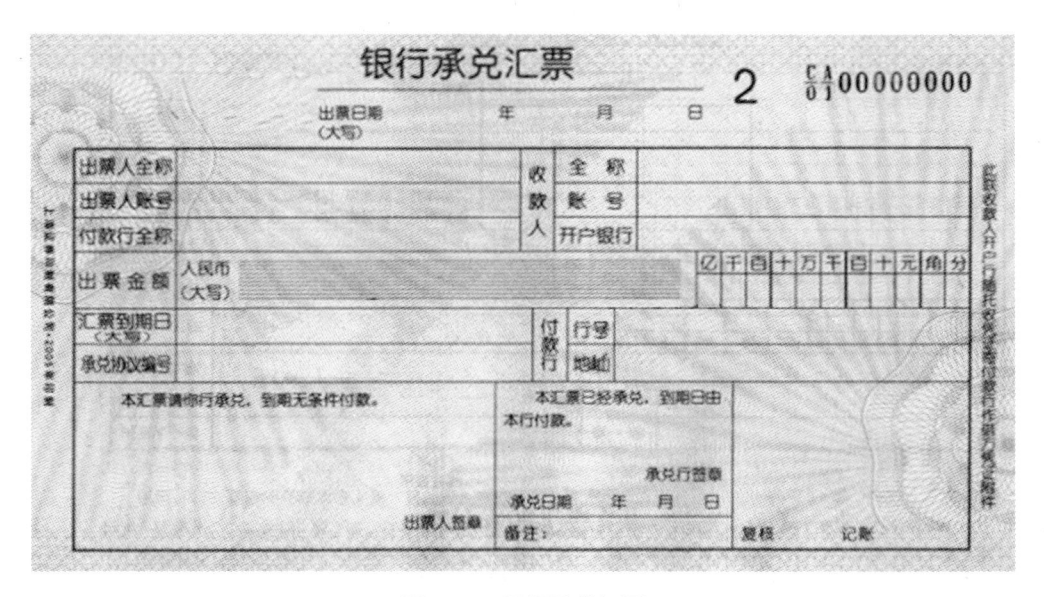

图8-10　银行承兑汇票

◇ 第6堂 汇兑结算业务的处理

一、汇兑结算的种类和特点

（一）汇兑的种类

根据凭证传递方式的不同，汇兑分为信汇和电汇两种。

1. 信汇

信汇是由汇款人向银行提出申请，同时交存一定金额和手续费，汇出行将信汇委托书以邮寄方式寄给汇入行，授权汇入行向收款人解付一定金额的一种汇兑结算方式。银行信汇凭证的基本格式如图 8-11 所示。

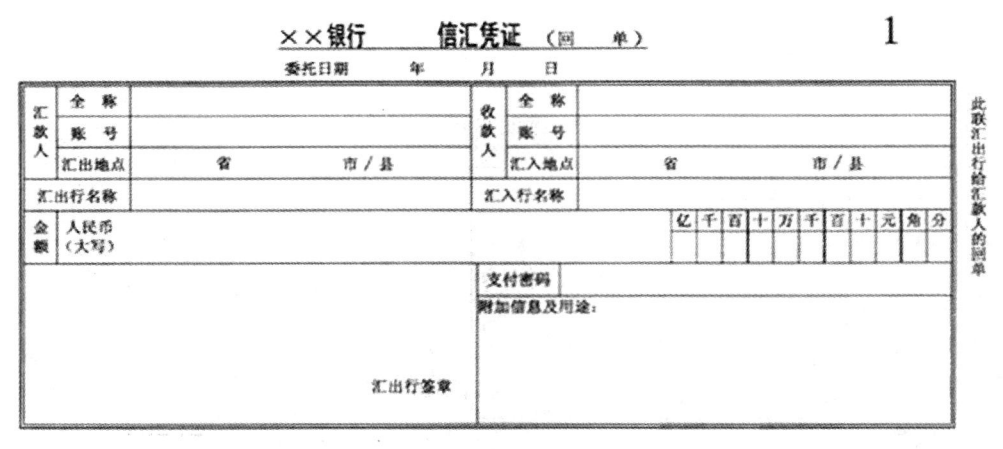

图 8-11 银行信汇凭证

2. 电汇

电汇是汇款人将一定款项交付汇款银行，汇款银行通过电报或电传给目的地的分行或代理行，指示汇入行向收款人支付一定金额的一种汇款方式。银行电汇凭证的基本格式如图 8-12 所示。

×××银行 电汇凭证（回　单） No. 1

□普通　□加急　　委托日期　年　月　日

汇款人	全　称		收款人	全　称	
	账　号			账　号	
	汇出地点	省　市/县		汇入地点	省　市/县
汇出行名称			汇入行名称		
金额	人民币（大写）		亿 千 百 十 万 千 百 十 元 角 分		
			支付密码		
		汇出行签章	附加信息及用途：	复核：	记账：

此联汇出行给汇款人的回单

图 8–12　银行电汇凭证

出纳人员根据对汇款快慢的要求选择信汇或电汇的使用。在出纳人员委托银行办理信汇或电汇时，应向银行填制一式四联的信汇或一式三联的电汇凭证，加盖预留银行印鉴，并按要求详细填写收/付款人名称、账号、汇入地点及汇入行名称、汇款金额等。

（二）汇兑结算方式的特点

（1）汇兑结算方式适用于单位和个人异地之间的各种款项的结算。比如，医药费、退休工资、稿酬、各种劳务费、书刊费等。

（2）收款人既可以是在汇入行开立账户的单位，也可以是“留行待取”的个人。

（3）汇兑结算无论是信汇还是电汇，均没有金额起点的限制。

（4）普通汇款一般 24 小时到账；加急汇款的速度快，自客户提交电汇凭证起 2 小时内到达收款人账户。

（5）汇款人对银行已经汇出的款项，可以申请将款项退回。

（6）对在汇入银行开立存款账户的收款人，由汇款人与收款人自行联系退汇。

（7）对未在汇入银行开立存款账户的收款人，由汇出银行通知汇入银行，经核实汇款确未支付，并将款项收回后，可办理退汇。

（8）个人汇款解讫后，可通过开立的“应解汇款及临时存款”账户，办理转账支付和以原收款人为收款人的转汇业务。

（9）汇兑结算手续简单易行、容易办理。

二、汇兑结算的基本规定

根据《支付结算办法》的有关规定，汇兑结算有如下几条基本规定：

1. 汇款人签发汇兑凭证的记载规定

签发的汇兑凭证必须记载以下事项，以下记载事项欠缺之一，银行均不予受理。

（1）表明"信汇"或"电汇"字样。

（2）无条件支付的委托。

（3）确定的金额。

（4）收款人名称和汇款人名称。

（5）汇入地点和汇入行名称。

（6）汇出地点和汇出行名称。

（7）委托日期。

（8）汇款人签章。

2. 收款人支取现金的规定

（1）收款人要在汇入银行支取现金，付款人在填制信汇或电汇凭证时，须在凭证"汇款金额"大写金额栏中填写"现金"字样。

（2）款项汇入异地后，收款人需携带本人的身份证件或汇入地有关单位足以证实收款人身份的证明，到银行一次性办理现金支付手续。

（3）信汇或电汇凭证上未注明"现金"字样而需要支取现金的，由汇入银行按现金管理规定审查支付。

（4）需要支取部分现金的，收款人应填写取款凭证和存款凭证送交汇入银行，办理支付部分现金和转账的手续。

3. 分次支取的规定

收款人接到汇入银行的取款通知后，若收款人需要分次支取的，要向汇入银行说明分次支取的原因和情况，经汇入银行同意，以收款人名义设立临时存款账户，该账户只付不收，结清为止，不计利息。

4. 留行待取的规定

汇兑凭证上记载收款人为个人的，在办理汇款时，收款人需要到汇入银行领取汇款，汇款人应在汇兑凭证上注明"留行待取"字样。对留行待取的汇款，有下列规定：

（1）留行待取的汇款，需要指定单位的收款人领取汇款的，应注明收款人的单位名称。

（2）信汇凭收款人印鉴支取的，应在第四联信汇凭证上加盖预留的收款人印鉴。

（3）款项汇入异地后，收款人须携带足以证明本人身份的证件或者汇入地有关单位足以证实收款人身份的证明向银行支取款项。比如，利用信汇凭印鉴支取的，收款人必须持与预留印鉴相符的印章，经银行验对无误后，方可办理支款手续。

5. 撤销汇款的规定

撤销汇款是指汇款人对汇出银行尚未汇出的款项，向汇出银行申请撤销的行为。撤销汇款的相关规定如下：

（1）汇款人在申请撤销汇款时，应出具正式函件或本人身份证件及原信汇、电汇的回单。

（2）汇出银行查明该款项尚未从汇出银行汇出，只有在收回原信汇、电汇的回单，方可办理撤销。

6. 转汇的规定

收款人如需将汇款转到另一地点，应在汇入银行重新办理汇款手续。转汇时的相关规定如下：

（1）收款人和用途不得改变。

（2）汇入银行必须在信汇或电汇凭证上加盖"转汇"戳记。

（3）如果汇款确定不得转汇的，应在汇兑凭证备注栏注明"不得转汇"字样。

7. 退汇的规定

汇款人对汇出银行已经汇出的款项可以申请退汇。退汇的相关规定如下：

（1）汇款人申请退汇必须是该汇款已从汇款银行汇出。

（2）申请退款时要出具正式函件（说明要求退汇的原因）或本人身份证明以及原信汇、电汇凭证回单。

（3）汇出银行审查后，通知汇入银行，经汇入银行查实款项确未解付，方可办理退汇。

（4）汇入银行回复款项已经解付或款项已经直接汇入收款人账户，则不能办理退汇。

（5）汇入银行对收款人拒绝接收的汇款，应立即办理退汇。

（6）汇入银行对从发出取款通知之日起，两个月内无法交付的款项，可主动办理退汇。

三、汇兑结算的程序

企业汇兑结算是出纳人员需要掌握的一种结算方式，也是小企业主要的结算方式。汇兑结算在付款单位汇出款项时，应填写银行印制的汇款凭证，列明收款单位名称、汇款金额及汇款的用途等项目，然后将其送至开户银行。委托银行将款项汇往收款单位的开户银行，收款单位的开户银行将汇款收进收款单位存款户后，转送汇款凭证一联通知收款单位收款。

一般来说，企业汇兑结算的大致流程如下：

（1）付款人委托汇款。

（2）付款人开户银行划转款项。

（3）收款人开户银行票款入账。

（4）收款人取款。

付款企业应在向汇出银行办理汇款手续后，根据汇款回单编制付款凭证入账；收款企业应在收到汇入银行的收账通知时编制收款凭证入账。

下面就以信汇结算方式为例进行说明：

付款企业委托开户银行汇出款项时，应根据取回汇款凭证的回单联进行账务处理，做会计分录如下：

借：有关账户

贷：银行存款

如果付款单位向外地进行临时性或零星采购，由企业开设采购专户，将款项汇往采购地点。企业汇出款项时，在信汇凭证上加盖"采购资金"字样。汇入银行对汇入的采购款项，以汇款单位的名义开立采购专户。采购资金存款不计利息，除采购员差旅费可以支取少量现金外，一律转账。这种采购专户只付不收，付完结束账户。付款单位根据汇出款项的凭证，做会计分录如下：

借：其他货币资金——外埠存款——××银行

贷：银行存款

◇ 第7堂　其他银行结算业务处理

一、委托收款概述

1. 委托收款的适用范围

委托收款结算的适用范围主要包括以下几个方面：

（1）凡在银行或其他金融机构开立账户的单位和个体经营户的商品交易、劳务款项以及其他收款项的结算。

（2）公用事业单位向用户收取水费、邮电费、煤气费、公房租金等劳务款项以及其他应收款项。

（3）由于委托收款不受金额起点的限制，因此，凡是收款单位所发生的各种应收款项，不论金额大小，只要委托银行就能办理该项交易。

（4）委托收款不受地域限制，同城、异地均可办理。

2. 委托收款的适用条件

委托收款结算的适用条件主要包括以下几个方面：

（1）委托收款结算方式是一种建立在商业信用基础上的结算方式，即收款人先发货或提供劳务，然后通过银行收款。

（2）委托收款付款期限为3天，凭证索回期为2天。

（3）银行不负责审查付款单位拒付理由。

（4）银行不参与监督，结算过程中所发生的任何争议都由收付款双方自行协商解决。

根据以上几点要求，收款单位在选用委托收款结算的时候，应谨慎使用，首先应当了解付款方的资信状况，然后再斟酌是否使用该结算方式，以免发货或提供劳务后不能及时收回款项。

3. 委托收款结算凭证应记载的事项

收款单位出纳人员应按规定逐项填明委托收款结算凭证记载的事项如下：

（1）表明"委托收款"字样。

（2）委托日期。

（3）收款单位的名称、账号（或地址）、开户银行。

（4）付款单位的名称、账号（或地址）、开户银行。

（5）委托的确定金额。

（6）委托收款凭据名称。

（7）附寄单证张数。

（8）合同名称号码。

（9）收款单位的签章。

4. 委托收款结算凭证的基本格式

委托收款结算凭证分为"委邮"、"委电"两种，均为一式五联。

（1）第一联是回单，由银行盖章后退给收款人。

（2）第二联是收款凭证，由收款人开户银行作为收入传票。

（3）第三联是支款凭证，由付款人开户银行作为付出传票。

（4）"委邮"第四联是收账通知，由收款人开户行在款项收妥后给收款人的收款通知。"委电"第四联是拍发电报的依据，付款人开户银行凭此联向收款单位开户银行拍发电报。

（5）第五联为付款通知，由付款人开户银行通知付款人按期付款的通知。

委托收款凭证的基本格式如图 8-13 所示。

×××银行 托收凭证（受理回单） 1

委托日期 年 月 日

<table>
<tr><td colspan="2">业务类型</td><td colspan="5">委托收款（□邮划 □电划） 托收承付（□邮划 电划□）</td></tr>
<tr><td rowspan="3">付款人</td><td>全 称</td><td></td><td rowspan="3">收款人</td><td>全 称</td><td colspan="2"></td></tr>
<tr><td>账 号</td><td></td><td>账 号</td><td colspan="2"></td></tr>
<tr><td>地 址</td><td>省 市/县 开户行</td><td>地 址</td><td colspan="2">省 市/县 开户行</td></tr>
<tr><td>金额</td><td colspan="4">人民币（大写）</td><td colspan="2">亿 千 百 十 万 千 百 十 元 角 分</td></tr>
<tr><td colspan="2">款项内容</td><td>托收凭据名称</td><td colspan="2"></td><td>附寄单证张数</td><td></td></tr>
<tr><td colspan="2">商品发运情况</td><td colspan="3"></td><td>合同名称号码</td><td></td></tr>
<tr><td colspan="2">备注：
复核 记账</td><td colspan="3">款项收妥日期
年 月 日</td><td colspan="2">收款人开户银行盖章
年 月 日</td></tr>
</table>

此联收款人开户银行给收款人的受理回单

图 8-13 委托收款凭证

二、委托收款结算的程序

1. 两方交易的委托收款结算的程序

两方交易的委托收款的结算程序如下：

（1）收款人提供商品或劳务。

（2）收款人委托银行收款。

（3）收款人开户行送寄委托收款凭证。

（4）付款人开户行通知付款人付款。

（5）付款人同意付款。

（6）付款人开户行划转款项。

（7）收款人开户行款项收妥入账。

2. 三方交易的委托收款结算的程序

三方交易是指购货单位、批发单位和销货单位均不在一个地方，批发单位委托销货单位直接向购货单位发运商品，而货款则由批发单位分别与购销双方进行结算，三方交易的委托收款的结算程序如下：

（1）销货单位向购货单位发货。

（2）销货单位分别填写以批发单位的名义向购货单位收款和以本单位的名义

向批发单位收款的委托收款凭证委托银行收款。

（3）销货单位分别向购货单位开户银行和批发单位开户银行传递委托收款凭证。

（4）购货单位开户银行通知购货单位付款，批发单位开户银行通知批发单位付款。

（5）各银行之间划拨款项。

（6）收款通知。

三、托收承付概述

托收承付又称异地托收承付，是指根据购销合同由收款人发货后委托银行向异地购货单位收取货款，购货单位根据合同核对单证或验货后，向银行承认付款的一种结算方式。根据《支付结算办法》的规定，托收承付结算每笔的金额起点为10 000元；新华书店系统每笔金额起点为1 000元。

（一）托收承付结算的适用范围

托收承付结算具有使用范围较窄、监督严格和信用度较高的特点，其结算方式受到严格的限制，其适用范围包括以下几个方面：

（1）使用托收承付结算的单位，必须是国有企业、供销合作社以及经营较好并经开户银行审查同意的城乡集体所有制工业企业。

（2）办理结算的款项必须是商品交易以及因商品交易而产生的劳务供应款项。代销、寄销、赊销商品款项，不得办理托收承付结算。

（二）托收承付结算的适用条件

（1）收付双方适用托收承付结算必须签有符合《经济合同法》的购销合同，并在合同上载明适用异地托收承付结算方式。

（2）收款人办理托收，必须具有商品确已发运的证件。该证件主要包括航运、铁路、公路等运输部门签发的运单、运单副本和邮局包裹回执等。

（3）收付双方办理托收承付结算时，必须重合同、守信誉。收款人对同一付款人托收累计3次收不回货款的，收款人开户银行应暂停收款人向该付款人办理托收；付款人累计3次提出无理拒付的，付款人开户银行应暂停其向外办理托收。

（三）托收承付的账务处理

企业办理托收承付结算要通过"应收账款"进行过渡核算。已办理托收手续而尚未收到的款项应记入借方，实际收到的托收款项应记入贷方，其账务处理如下。

【例 8-1】 2014 年 2 月 16 日，A 公司按合同采用托收承付结算方式向 B 公司发运商品一批，货款 40 000 元，增值税税率为 17%，验货付款。B 公司验货后，材料实际入库 35 000 元。另 5 000 元材料因质量问题退回。入库材料的货款已付。

这笔经济业务的会计分录为：

借：应收账款　　　　　　　　　　　46 800
　　贷：主营业务收入　　　　　　　　　　　　　　　　　40 000
　　　　应交税金——应交增值税（销项税额）（40000×17%）6 800

验货后材料入库，入库材料货款已付，应做的会计分录为：

借：银行存款　　　　　　　　　　　40 950
　　贷：应收账款　　　　　　　　　　　（35 000+35 000×17%）4 950

材料因质量问题退回，应做的会计分录为：

借：主营业务收入　　　　　　　　　5 000
　　应交税金——应交增值税（销项税额转出）（5 000×17%）850
　　贷：应收账款　　　　　　　　　　　　　　　　　　　5 850

【例 8-2】 2014 年 3 月 4 日，A 公司按合同采用托收承付结算方式销售给 C 公司甲材料 50 000 元，增值税税率为 17%，用银行存款垫付运费 1 000 元，购货方验单付款 3 天后如数收到所有款项。

这笔经济业务的会计分录为：

借：应收账款　　　　　　　　　　　58 500
　　贷：主营业务收入　　　　　　　　　　　　　　　　　50 000
　　　　应交税金——应交增值税（销项税额）（50000×17%）8 500

代垫运费，应做的会计分录为：

借：应收账款　　　　　　　　　　　1 000
　　贷：银行存款　　　　　　　　　　　　　　　　　　　1 000

3 天后如数收到所有款项，应做的会计分录为：

借：银行存款　　　　　　　　　　　(58 500+1 000) 59 500

　　贷：应收账款　　　　　　　　　　　　　　　　　　59 500

四、托收承付结算的程序

托收是指销货单位（即收款单位）委托其开户银行收取款项的行为；承付是指购货单位（即付款单位）在承付期限内，向银行承认付款的行为。托收承付结算的基本程序如下：

（1）收款人提供商品或劳务。

（2）收款人委托银行收款。

（3）收款人开户银行送寄委托收款凭证。

（4）付款人开户银行通知付款人承付。

（5）付款人承认付款。

（6）付款人开户银行划拨款项。

（7）收款人开户银行将款项收妥入账。

（8）收款人开户银行通知收款人货款已收妥入账。

第9天 会计票据的审核和填写

◇ 第1堂 支票的管理与填制

一、支票的概念和分类

(一) 支票的概念

支票是由单位和个人（出票人）签发，委托办理支票存款业务的银行或者其他金融机构，在见票时应无条件支付确定的金额给收款人或持票人的票据。

为了方便开户单位与开户银行随时可以办理支付业务或各单位之间进行债权债务关系的结算，只要在银行存款的额度内，开户单位均可向开户银行领购支票。一般情况下，企业会保留一定数量的空白支票以备使用，而且空白支票由专人妥善保管，还要贯彻票、印分管的原则，即空白支票和印章不是由一个人负责保管。

(二) 支票的分类

根据《中华人民共和国票据法》的有关规定，支票可以支取现金，也可以转账，用于转账时，应当在支票正面注明。支票中专门用于支取现金的，可以另行制作现金支票，现金支票只能用于支取现金；支票中专门用于转账的，可以另行制作转账支票，转账支票只能用于转账，不得支取现金。

一般情况下，支票分为以下几种：

1. 现金支票

现金支票是专门制作的用于支取现金的一种支票。当客户需要使用现金时，可以随时拿着签发的现金支票向开户银行提取现金。银行工作人员在见到现金支票时，应无条件支付给持票人确定金额的现金。

2. 银行支票

银行支票是银行的存款人签发给收款人办理结算或委托开户银行将款项支付给收款人的票据。银行支票适用于同城各单位之间的商品交易、劳务供应及其他款项的结算。

3. 记名支票

记名支票是在支票的收款人一栏，写明收款人姓名，比如"限付某甲"或"指定人"，取款时须由收款人签章，方可支取。

4. 不记名支票

不记名支票又称空白支票，支票上不记载收款人的姓名，只写"付来人"。取款时持票人无须背书即可转让，也无须在背面签字。

5. 划线支票

划线支票又称为平行线支票或横线支票，是指票据权利人或者义务人在支票的正面划两条平行线，或者在平行线内记载特定银行等金融机构的一种支票。划线支票是一种特殊支票，它只能由银行领取票款，故只能委托银行代收票款入账。使用划线支票的目的是在支票遗失或被人冒领时，还有可能通过银行代收的线索追回票款。

6. 保付支票

保付支票是指为了避免出票人开出空头支票，保证支票提示时付款，支票的收款人或持票人可要求银行对支票"保付"的一种支票。保付是由付款银行在支票上加盖"保付"戳记，以表明在支票提示时一定付款。保付支票付款责任由银行承担，出票人、背书人都可免于追索。

7. 旅行支票

旅行支票是银行或旅行社为旅游者发行的一种固定金额的支付工具，是旅游者从出票机构用现金购买的一种支付手段。其作用是专供旅客购买和支付旅途费用，它与一般银行汇票、支票的不同之处在于旅行支票没有指定的付款地点和银行，一般也不受日期限制，能在全世界通用。

二、支票使用的规定

根据《中华人民共和国票据法》的有关规定，支票在使用时应按照以下规定办理：

（1）开立支票存款账户，申请人必须使用其本名，并提交证明其身份的合法证件。

（2）支票是出票人签发的，委托办理支票存款业务的银行或者其他金融机构在见票时无条件支付确定的金额给收款人或者持票人的票据。

（3）支票必须记载下列事项：

①表明"支票"的字样。

②确定的金额。

③无条件支付的委托。

④付款人名称。

⑤出票日期。

⑥出票人签章。

支票上未记载上述事项之一的，支票视为无效。

（4）支票上的金额可以由出票人授权补记，未补记前的支票，不得使用。

（5）支票上未记载收款人名称的，经出票人授权，可以补记。

（6）支票上未记载付款地的，付款人的营业场所为付款地；支票上未记载出票地的，出票人的营业场所、住所或者经常居住地为出票地。

（7）出票人可以在支票上记载自己为收款人。

（8）支票的出票人所签发的支票金额不得超过其付款时在付款人处实有的存款金额。出票人签发的支票金额超过其付款时在付款人处实有的存款金额的，为空头支票。禁止签发空头支票。

（9）支票的出票人不得签发与其预留本名的签名式样或者印鉴不符的支票。

（10）出票人必须按照签发的支票金额承担保证向该持票人付款的责任。出票人在付款人处的存款足以支付支票金额时，付款人应当在当日足额付款。

（11）支票限于见票即付，不得另行记载付款日期。另行记载付款日期的，该记载无效。

（12）支票的持票人应当自出票日起 10 日内提示付款；异地使用的支票，其提示付款的期限由中国人民银行另行规定。超过提示付款期限的，付款人可以不予付款；付款人不予付款的，出票人仍应当对持票人承担票据责任。

（13）付款人依法支付支票金额的，对出票人不再承担受委托付款的责任，对持票人不再承担付款的责任。但是，付款人以恶意或者有重大过失付款的除外。

（14）支票的背书、付款行为和追索权的行使。

（15）支票的出票行为。汇票上可以记载本法规定事项以外的其他出票事项，但是该记载事项不具有汇票上的效力；出票人签发汇票后，即承担保证该汇票承兑和付款的责任。

（16）出票人在汇票得不到承兑或者付款时，应当向持票人清偿一定的金额和费用。

持票人行使追索权，可以请求被追索人支付下列金额和费用：

（1）被拒绝付款的汇票金额。

（2）汇票金额自到期日或者提示付款日起至清偿日止，按照中国人民银行规定的利率计算的利息。

（3）取得有关拒绝证明和发出通知书的费用。

被追索人清偿债务时，持票人应当交出汇票和有关拒绝证明，并出具所收到利息和费用的收据。

被追索人依照上述规定清偿后，可以向其他汇票债务人行使再追索权，请求其他汇票债务人支付下列金额和费用：

（1）已清偿的全部金额。

（2）前项金额自清偿日起至再追索清偿日止，按照中国人民银行规定的利率计算利息。

（3）发出通知书的费用。

行使再追索权的被追索人获得清偿时，应当交出汇票和有关拒绝证明，并出具所收到的利息和费用的收据。

三、填写支票的要求

填写支票在出纳日常工作中接触得非常多，签发和接收支票中也存在着很多细节，工作中稍不注意这些细节，支票就得作废。作为出纳新手一定要注意如何才能规范地填写支票。

支票填写的内容包括收款方的名称、开户行、账号，大写年月日，大写、小写转账金额，填写用途，盖上或写上企业的名称、开户行、账号，盖上企业的印鉴章。

1. 出票日期的填写

对于实际的出票日期，支票存根联的日期可用阿拉伯数字书写，以便自己记账，而支票正联出票日期必须使用中文大写，不得涂改、挖补。大写数字正确写法：零、壹、贰、叁、肆、伍、陆、柒、捌、玖、拾。

需要注意的是：在支票正联用大写填写出票日期时，为防止变造支票的出票日期，在填写月、日时应注意：月为壹、贰和壹拾的，日为壹至玖和壹拾、贰拾、叁拾的，应在其前加"零"；日为拾壹至拾玖的，应在其前加"壹"。

举例：2014年6月8日，大写为贰零壹肆年陆月零捌日，其中：陆月前的"零"字，可写可不写，但是捌日前的"零"字必须写。

又如：2014年7月13日，即大写为贰零壹肆年零柒月壹拾叁日。

其中：（1）壹月、贰月前"零"字必须写，叁月至玖月前"零"字可写可不写。拾月至拾贰月必须写成壹拾月、壹拾壹月、壹拾贰月（前面多写了"零"字也认可，如零壹拾月）。

（2）壹日至玖日前"零"字必须写，拾日至拾玖日必须写成壹拾日及壹拾×日（前面多写了"零"字也认可，如零壹拾伍日，下同），贰拾日至贰拾玖日必须写成贰拾日及贰拾×日，叁拾日至叁拾壹日必须写成叁拾日及叁拾壹日。

2. 收款人的填写

（1）现金支票收款人可写为本单位名称，此时现金支票背面"被背书人"栏内加盖本单位的财务专用章和法人章，之后收款人可凭现金支票直接到开户银行提取现金（由于有的银行各营业点联网，所以也可到联网营业点取款，具体要看联网覆盖范围而定)。

(2)现金支票收款人可写为收款人个人姓名,此时现金支票背面不盖任何章,收款人在现金支票背面填上身份证号码和发证机关名称,凭身份证和现金支票签字领款。

(3)转账支票收款人应填写为对方单位名称。转账支票背面本单位不盖章。收款单位取得转账支票后,在支票背面被背书栏内加盖收款单位财务专用章和法人章,填写好银行进账单后,再与该支票一起交给收款单位的开户银行委托银行收款。

3. 付款行名称、出票人账号的填写

即为本单位开户银行名称及银行账号。

例如:开户银行名称:工行高新支行九莲分理处;银行账号:1202027409900088888(小写)。

4. 人民币数额的填写

(1)数字大写和小写的规定:

数字大写写法:零、壹、贰、叁、肆、伍、陆、柒、捌、玖、拾、佰、仟、万、亿。

注意:"万"字不带单人旁,大写金额应紧接"人民币"书写,不得留有空白,以防加填。

例如:

①小写:¥289 146.52,大写:人民币贰拾捌万玖仟壹佰肆拾陆元伍角贰分。

②小写:¥7 660.31,大写:人民币柒仟陆佰陆拾元零叁角壹分。此时,"陆拾元零叁角壹分"中,"零"字可写可不写。

③小写:¥539.00,大写:人民币伍佰叁拾玖元正。"正"写为"整"字也可以。不能写为"零角零分"。

④小写:¥435.03,大写:人民币肆佰叁拾伍元零叁分。

⑤小写:¥385.20,大写:人民币叁佰捌拾伍元贰角。"角"字后面可加"正"字,但不能写"零分",比较特殊。

(2)阿拉伯小写金额数字前面,均应填写人民币符号"¥",数字填写要求完整清楚。

5. 支票用途的填写

（1）现金支票有一定限制，一般填写"备用金"、"差旅费"、"工资"、"劳务费"等。

（2）转账支票没有具体规定，可填写如"货款"、"代理费"，等等。

6. 盖章

支票正面盖财务专用章和法人章，缺一不可，印泥为红色，印章必须清晰，印章模糊只能将本张支票作废，换一张重新填写重新盖章。反面盖章与否见上文"收款人"条目中的具体规定。

7. 常识

（1）支票正面不能有涂改痕迹，否则本支票作废。

（2）受票人如果发现支票填写不全，可以补记，但不能涂改。

（3）在签发支票时内容要齐全，大小写金额要相符。

（4）支票的提示付款期限为10天，日期首尾算一天，遇节假日时顺延。超过提示付款期限提示付款的，持票人开户银行不予受理，付款人不予付款。

（5）签发现金支票必须符合库存现金管理的规定。

（6）不得签发空头支票；不得出租、出借、转让现金支票、转账支票。

四、支票挂失的办理

已经签发的普通支票和现金支票，支票的持票人或出票人如果不慎遗失或被盗，应立即向出票人开户行办理挂失手续。对于已签发的转账支票遗失，银行不予挂失，但是付款单位可以请求收款单位协助防范。支票挂失的处理办法如下：

1. 出票人支票挂失

出票人将已经签发、内容齐备、可以直接支取现金的支票遗失或被盗的，挂失的办理手续如下：

（1）出具公函或有关证明，同时填写两联挂失申请书，加盖预留银行的签名式样和印鉴，向开户银行申请挂失止付。

（2）银行查明该支票确未支付，经收取一定的挂失手续费后受理挂失，在挂失人账户中用红笔注明支票号码及挂失的日期。

2. 收款人支票挂失

收款人将收受的可以直接支取现金的支票遗失或被盗的，挂失的办理手续如下：

（1）出具公函或有关证明，同时填写两联挂失止付申请书，经付款人签章证明后，到收款人开户银行申请挂失止付。

（2）其他有关手续同出票人支票挂失手续。

（3）《中华人民共和国票据法》第 15 条规定："失票人应当在通知挂失止付后三日内，也可以在票据丧失后，直接依法向人民法院申请公示催告，或者向人民法院提起诉讼。"

也就是说，对能够背书转让票据的持票人在票据被盗、遗失或灭失时，须以书面形式向票据支付地（即付款地）的基层人民法院提出公示催告申请，同时提出有关证据，以证明自己确属丧失的票据的持票人，有权提出申请。催告申请书上应当记载下列事项：

①票据丧失的时间、地点以及原因。

②票据类别、号码、金额、出票人、出票日期、付款人全称、付款日期、收款人全称等票面内容。

③挂失止付人的姓名、营业场所或者住所以及联系方式等。

3. 其他有关规定

（1）收到挂失止付通知的付款人，查明挂失票据确未付款时，应当立即暂停支付。

（2）付款人自收到挂失止付通知之日起 12 天内没有收到人民法院的止付通知书的，自第 13 日起，持票人提示付款并依法向持票人付款的，不再承担责任。

（3）如果丧失的支票超过有效期或者挂失之前已经由付款银行止付票款的，由此造成的损失，应由持票人全权负责。

◇ 第2堂 发票的管理与填制

一、发票的概念和分类

(一) 发票的概念和管理规定

发票是指单位在购销商品、提供或者接受服务以及从事其他经营活动中，开具、收取的收付款的书面证明。

根据《税收征收管理法》规定，税务机关是发票的主管机关，负责发票印刷、领购、开具、取得、保管、缴销的管理和监督。单位、个人在购销商品、提供或者接受经营服务以及从事其他经营活动中，应当按照规定开具、使用、取得发票。其中，增值税专用发票由国务院税务主管部门指定的企业印制；其他发票，按照国务院税务主管部门的规定，分别由省、自治区、直辖市国家税务局、地方税务局指定企业印制。未经指定的税务机关不得印制发票。

(二) 发票的种类

发票包括增值税专用发票、普通发票和专业发票三种。

1. 增值税专用发票

增值税专用发票是指专门用于结算销售货物和提供加工、修理修配劳务使用的一种发票。增值税专用发票只限于增值税一般纳税人领购使用，增值税小规模纳税人不得领购使用。一般纳税人如有法定情形的，不得领购使用增值税专用发票。该发票的基本格式如图9-1所示。

2. 普通发票

普通发票主要由营业税纳税人和增值税小规模纳税人使用，增值税一般纳税人在不能开具专用发票的情况下也可使用普通发票。

（1）普通发票由行业发票和专用发票组成。行业发票适用于某个行业的经营业务，比如商业批发统一发票、商业零售统一发票、工业企业产品销售统一发票等；专用发票仅适用于某一经营项目，比如商品房销售发票、广告费用结算发票等。

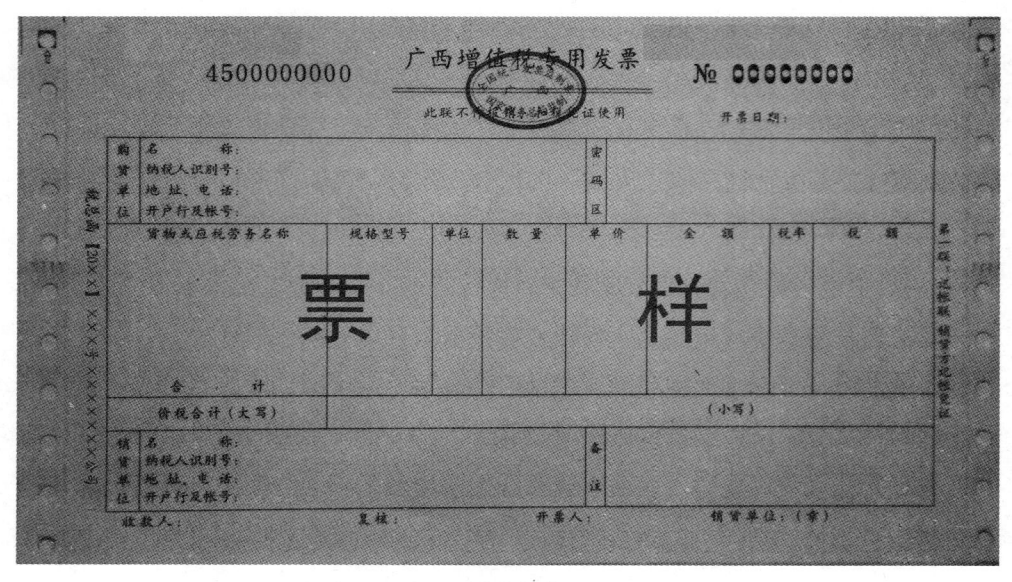

图 9-1 增值税专用发票

（2）普通发票一式三联。

①第一联为存根联，由开票方留存备查使用。

②第二联为发票联，由收执方作为付款或收款原始凭证。

③第三联为记账联，由开票方作为记账原始凭证。

（3）普通发票的基本格式。

普通发票的基本格式如图 9-2 所示。

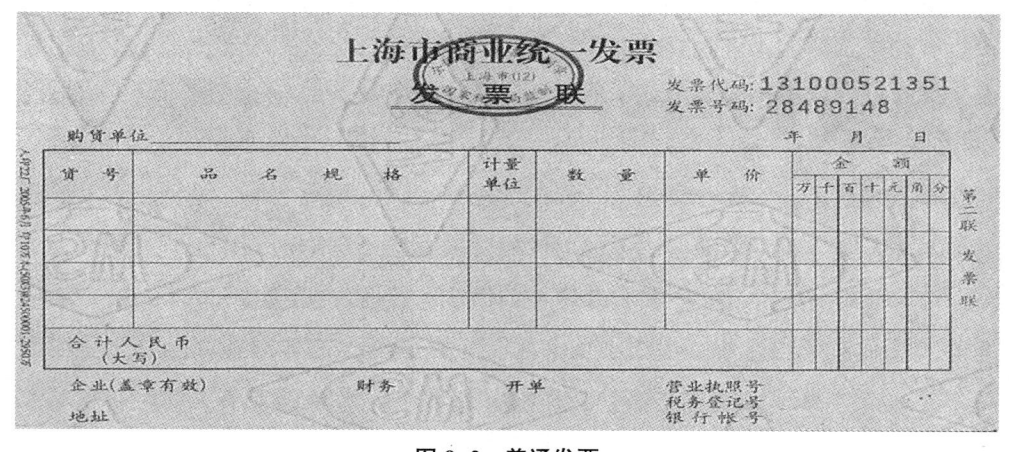

图 9-2 普通发票

3. 专业发票

专业发票是一种特殊种类的发票,它主要适用于以下行业:

(1)国有金融、保险企业的转账凭证、保险凭证、存货、汇兑等。

(2)国有邮政、电信企业的邮票、邮单、话务、电报收据等。

(3)国有铁路、国有航空企业和交通部门、国有公路、水上运输企业的客票、货票等。

专业发票的特征主要表现在以下两个方面:

(1)不套印发票监制章。

(2)虽然属于发票的管理范围,但是,经有关部门批准后,由主管部门自定式样、自行印制、发放和管理,自行负责。

以上两个方面不仅是专业发票的特征,而且也是与其他专用发票、普通发票的区别之处。

二、发票的购买

已办理税务登记的纳税人需要使用发票的,凭《发票领购簿》核准的种类、数量以及购票方式,向主管税务机关领购发票。

1. 发票的购买

(1)受理审核、录入资料。

①审核发票领购簿与纳税人名称是否一致。

②纸质资料不全或填写不符合规定的,应当场一次性告知纳税人补正或重新填报。

③审核系统有无不予发售发票的监控信息。

④系统自动检测纳税人的购票信息。

⑤根据纳税人申请,在系统允许的发票种类和数量范围内发售发票。

(2)核准收取发票工本费,并开具行政性收费票据交付纳税人。同时在《发票领购簿》上打印发票发售记录。

(3)资料归档。

2. 其他说明

（1）需要临时使用发票的单位和个人，可以直接向税务机关申请办理。

（2）临时到本省、自治区、直辖市以外从事经营活动的单位或者个人，应当凭所在地税务机关的证明，向经营地税务机关申请领购经营地的发票。

（3）临时在本省、自治区、直辖市以内跨市、县从事经营活动领购发票的办法，由省、自治区、直辖市税务机关规定。

（4）税务机关对外省、自治区、直辖市来本辖区从事临时经营活动的单位和个人申请领购发票的，可以按其提供的保证人或者根据所领购发票的票面限额及数量交纳不超过一万元的保证金，并限期缴销发票。

（5）按期缴销发票的，解除保证人的担保义务或者退还保证金；未按期缴销发票的，由保证人或者以保证金承担法律责任。

（6）税务机关收取保证金应当开具收据。

（7）依法不需办理税务登记的单位需要领购发票的，可以按照有关规定，向主管税务机关申请领购发票。

三、发票的管理要求

1. 严格发票的登记制度

出纳人员在领用发票时，应办理领用手续。

（1）填写发票领用单。

（2）经单位领导签字批准后，按顺序领用发票。

企业还要建立发票的登记制度，设置发票登记簿。出纳人员在使用发票时，严格按照规定填写发票登记簿。

2. 顺序使用发票

出纳人员在使用发票时，不得拆本、隔页或跳号，必须按发票的先后顺序使用。

3. 发票丢失的补救措施

发票在发生丢失或被盗的情况时，应立即上报主管部门或向公安机关报案。经有关部门派员调查核实后，填写"发票挂失声明申请审批表"，逐级上报审批，并在相关媒体上做"作废"声明。如果遗失的发票涉及偷漏税案件，纳税人应承担连带的法律责任。

4. 严格发票保管制度

在购买发票前，企业必须与税务局签订"增值税专用发票使用管理责任书"、"防伪税控系统使用管理责任书"，安排专人保管，并将发票存放于专门的保险柜内，以确保其安全性。

5. 禁止转让、代开发票

禁止任何单位和个人转让、代开发票。发票使用完毕后，其存根联应单独保存，并保证其存根编号连续。

6. 禁止带票外出

发票只限于用票单位使用，任何单位和个人不准跨地区携带和使用发票，更不准带发票外出经营。

四、开具发票的要求

1. 开具发票应注意的问题

（1）保证单联填开或者上下联金额、增值税额、销项税额等内容一致。

（2）填写项目必须齐全，缺一则发票视为无效。

（3）按规定报告发票的使用情况。

（4）按规定设置发票登记簿。

（5）不能涂改发票。

（6）不能虚构经营业务，虚开发票。

（7）不能转让、代开发票。

（8）不能在作废发票上开具发票。

（9）不能未经批准拆本使用发票。

（10）不能未经批准，跨区域使用发票或开具发票。

（11）不能扩大专业发票或增值税专用发票开具范围。

（12）注意违反法律法规规定的其他开具发票的行为。

2. 开具发票的原则

（1）都开的原则。

所有单位和个人在发生商品销售、提供服务以及从事其他经营活动收取款项时，收款方必须向付款方开具发票。

（2）都要的原则。

所有单位和个人在购买商品、接受服务以及从事其他经营活动支付款项时，都应当向收款方取得发票。任何单位和个人在支付货款或费用时都有权向收款方索要发票，不得要求变更品名或金额。

3. 发票填写的要求

在填写发票时，应按照一定的规范要求填写，其具体说明如下：

（1）填写项目必须齐全、内容真实、字迹清楚，全部联次一次复写，内容完全一致，并在发票联加盖发票专用章。

（2）填写发票必须在发生经营业务确认营业收入的实际日期开具发票，要做到当天开取。

（3）必须按照日期、号码顺序填写。

（4）填写的货物名称或收入项目应该按货物名称、金额逐项填写，也不能为了省事简写。

（5）填写规格、计量单位、数量、单价时，必须按实际或标准填写。

（6）大小写金额数字的填写规范。

①大小写金额必须一致，不能只填写小写，而不写大写，也不能只填写大写，而不写小写。

②小写金额栏阿拉伯数字未填写到最高位的应在数字的前一位填写人民币符号"￥"。

③填写大写遇到金额中间有0或末尾有0，均不可用"—"代替。

（7）对于发票开具退回的情况，须开具红字发票来冲回原开具的退回的发票。

（8）在开具发票的过程中，如有涂改必须作废重新开具。发票作废后，应与原发票联次一并保存，并装订在一起。

第10天　工商和税务业务的处理

◇ 第1堂　工商业务的处理

一、如何进行公司注册

(一) 有限责任公司的注册

1. 注册有限责任公司具备的条件

根据《中华人民共和国公司法》的有关规定，设立有限责任公司应当具备下列条件：

(1) 股东符合法定人数（1人以上50人以下）。

(2) 有符合公司章程规定的全体股东认缴的出资额。

(3) 股东共同制定公司章程。

(4) 设立公司名称，建立符合有限责任公司要求的组织机构。

(5) 有固定的生产经营场所（即公司住所）和必要的生产经营条件。

2. 设立有限责任公司的程序

设立有限责任公司，一般要经过以下步骤：

(1) 咨询后，领取并填写"名称（变更）预先核准申请书"，同时核准相关资料。

(2) 递交"名称（变更）预先核准申请书"及其相关资料，等待名称核准结果。

(3) 领取"企业名称预先核准通知书"，同时领取"企业设立登记申请书"

等有关表格；在经营范围许可内，办理相关审核手续。

（4）到经工商局确认的入资银行开立入资专户。

（5）办理入资手续并到法定验资机构办理验资手续，如果以非货币方式出资的，还应办理资产评估手续。

（6）递交申请材料，材料齐全，并符合法定形式的，等候领取"准予设立登记通知"。

（7）领取"准予设立登记通知"后，按照"准予设立登记通知"确定的日期到工商局交费并领取营业执照。

3. 有限责任公司章程应载明的事项

有限责任公司章程中应当载明的事项如下：

（1）公司名称和住所。

（2）公司经营范围。

（3）公司注册资本。

（4）股东的姓名或者名称。

（5）股东的出资方式、出资额和出资时间。

（6）公司的机构及其产生办法、职权、议事规则。

（7）公司法定代表人。

（8）股东会会议认为需要规定的其他事项。

该公司章程完成之后，股东应当在上面签名、盖章。

4. 有限责任公司的组织机构

有限责任公司股东会由全体股东组成。股东会是公司的权力机构，行使的职权如下：

（1）决定公司的经营方针和投资计划。

（2）选举和更换非由职工代表担任的董事、监事，决定有关董事、监事的报酬事项。

（3）审议批准董事会的报告。

（4）审议批准监事会或者监事的报告。

（5）审议批准公司的年度财务预算方案、决算方案。

（6）审议批准公司的利润分配方案和弥补亏损方案。

（7）对公司增加或者减少注册资本做出决议。

（8）对发行公司债券做出决议。

（9）对公司合并、分立、解散、清算或者变更公司形式做出决议。

（10）修改公司章程。

（11）公司章程规定的其他职权。

以上所列事项股东以书面形式一致表示同意的，可以不召开股东会会议，直接做出决定，并由全体股东在决定文件上签名、盖章。

（二）股份有限公司的设立

1. 注册所具备的基本条件

根据《中华人民共和国公司法》的有关规定，设立股份有限公司应当具备下列条件：

（1）发起人符合法定人数。

（2）有符合公司章程规定的全体发起人认购的股本总额或者募集的实收股本总额。

（3）股份发行、筹办事项符合法律规定。

（4）发起人制订公司章程，采用募集方式设立的该章程经创立大会通过。

（5）有公司名称，建立符合股份有限公司要求的组织机构。

（6）公司有固定的住所。

2. 设立股份有限公司的程序

设立股份有限公司，一般要经过以下步骤：

（1）签订发起人协议，明确各自在公司设立过程中的权利和义务。

（2）申请名称预先核准。领取并填写"名称预先核准申请书"，同时准备相关材料。预先核准的公司名称保留期为 6 个月，该名称在保留期内不得用于从事经营活动或转让。

（3）向登记机关申请登记。领取"企业名称预先核准通知书"，同时领取"企业设立登记申请书"等有关表格。在经营范围许可内，办理相关审批手续。

（4）准备材料。如果涉及国有股权设置的，要经财政主管部门或国有资产监督管理部门审批。

（5）凭"企业名称预先核准通知书"到经工商局确认的入资银行开立入资专户。

（6）办理入资手续并到法定验资机构办理验资手续，如果以非货币方式出资的，还应办理资产评估手续及财产转移手续。

（7）首次缴纳出资后（公司全体发起人的首次出资额不得低于注册资本的20%，其余部分由发起人自公司成立之日起两年内缴足），选举董事会和监事会，由董事会向工商局报送公司章程、验资证明以及法律法规规定的其他文件。

（8）递交申请材料，材料齐全，符合法定形式的，等候领取"准予设立登记通知书"。

（9）领取"准予设立登记通知书"后，按照"准予设立登记通知书"确定的日期到工商局交费并领取营业执照。

3. 股份有限公司章程应载明的事项

股份有限公司章程应当载明的事项如下：

（1）公司名称和住所。

（2）公司经营范围。

（3）公司设立方式。

（4）公司股份总数、每股金额和注册资本。

（5）发起人的姓名或者名称、认购的股份数、出资方式和出资时间。

（6）董事会的组成、职权和议事规则。

（7）公司法定代表人。

（8）监事会的组成、职权和议事规则。

（9）公司利润分配办法。

（10）公司的解散事由与清算办法。

（11）公司的通知和公告办法。

（12）股东大会会议认为需要规定的其他事项。

4. 股东大会

股份有限公司股东大会由全体股东组成。股东大会是公司的权力机构，依照规定行使职权。股东大会应当每年召开一次年会。有下列情形之一的，应当在两个月内召开临时股东大会：

（1）董事人数不足《公司法》规定人数或者公司章程所定人数的 2/3 时。

（2）公司未弥补的亏损达实收股本总额 1/3 时。

（3）单独或者合计持有公司 10%以上股份的股东请求时。

（4）董事会认为必要时。

（5）监事会提议召开时。

（6）公司章程规定的其他情形。

二、如何进行公司的注销登记

按照《中华人民共和国公司登记管理条例》的有关规定，公司解散，依法应当清算的，清算组应当自成立之日起 10 日内将清算组成员、清算组负责人名单向公司登记机关备案。公司一旦被登记机关注销登记，公司将终止。

（一）申请登记注销的条件

有下列情形之一的，公司清算组应当自公司清算结束之日起 30 日内向原公司登记机关申请注销登记：

（1）公司被依法宣告破产。

（2）公司章程规定的营业期限届满或者公司章程规定的其他解散事由出现，但公司通过修改公司章程而存续的除外。

（3）股东会、股东大会决议解散或者一人有限责任公司的股东、外商投资的公司董事会决议解散。

（4）依法被吊销营业执照、责令关闭或者被撤销。

（5）人民法院依法予以解散。

（6）法律、行政法规规定的其他解散情形。

（二）申请注销登记应提交的文件

公司申请注销登记，应当提交下列文件：

（1）公司清算组负责人签署的注销登记申请书。

（2）人民法院的破产裁定、解散裁判文书，公司依照《公司法》做出的决议或者决定，行政机关责令关闭或者公司被撤销的文件。

（3）股东会、股东大会、一人有限责任公司的股东、外商投资的公司董事会或者人民法院、公司批准机关备案、确认的清算报告。

（4）《企业法人营业执照》。

（5）法律、行政法规规定应当提交的其他文件。

国有独资公司申请注销登记，还应当提交国有资产监督管理机构的决定，其中，国务院确定的重要的国有独资公司，还应当提交本级人民政府的批准文件。有分公司的公司申请注销登记，还应当提交分公司的注销登记证明。

三、如何进行公司的解散清算

公司的解散是指已成立的公司基于一定的合法事由而使公司消灭的法律行为。

（一）公司解散的原因

一般情况下，公司解散的原因有两大类，一类是强制解散的原因，另一类是一般解散的原因。

强制解散的原因是指由于某种情况的出现，主管机关或人民法院命令公司解散。《公司法》规定强制解散公司的原因是主管机关决定、责令关闭和吊销营业执照三个方面。

一般解散的原因是指只要出现了解散公司的事由，公司即可解散。我国《公司法》规定了公司一般解散的原因，主要原因包括公司章程规定的营业期限届满或者公司章程规定的其他解散事由出现；股东会（股东大会）决议解散；因公司合并或者分立需要解散的。

（二）公司的解散清算

企业清算是终结已解散公司的一切法律关系，处理公司剩余财产的程序。

根据我国《公司法》的相关规定，公司除了因为合并或分立而解散时无须清算，以及因破产而解散的公司适用破产清算程序之外，由于其他原因而解散的公司，都应当按《公司法》的有关规定进行清算。具体过程包括成立清算组、清理财产清偿债务、分配剩余财产和清算终结四部分内容。

1. 成立清算组

对于那些解散的公司，必须自解散之日起 15 日内成立企业清算组。解散公司财产的保管、清理、处理和分配工作全部由清算组负责。

2. 清理财产清偿债务

清算组还要对公司的债权、债务和资产进行清理。在清算期间，公司不得开展新的经营活动。未经清算组批准，任何人不得对公司财产进行分割。清算组在清理公司财产、编制资产负债表和财产清单后，发现公司财产不足清偿债务的，应当立即向人民法院申请宣告破产。公司经人民法院裁定宣告破产后，清算组应当将清算事务移交给人民法院。公司财产能够清偿公司债务的，清算组应先拨付清算费用，然后按照职工工资和劳动保险费用、所欠税款和公司债务的顺序进行清偿。

3. 分配剩余财产

在支付清算费用和清偿公司债务后，清算组应将剩余的公司财产分配给股东。有限责任公司按照股东的出资比例进行分配；股份有限公司按照股东持有的股份比例进行分配。

4. 清算终结

公司清算结束后，清算组应当制作清算报告，国有独资公司报国家授权的机构或部门确认；国有独资公司以外的其他有限责任公司，提交股东会确认；股份有限公司提交股东大会确认。

四、如何进行公司的破产清算

《公司法》中的破产清算是指处理经济上破产时债务如何清偿的一种法律制度，即在债务人丧失清偿能力时，由法院强制执行其全部财产，公平清偿全体债权人的法律制度。破产概念专指破产清算制度，即对债务人宣告破产、清算还债的法律制度。企业破产清算的步骤比较复杂，具体包括以下几个方面：

1. 企业被人民法院宣告破产

当企业因经营管理不善，导致严重亏损，根本没有能力清偿到期债务时，经和解整顿仍不能实现和解协议约定的清偿义务，便由人民法院经过裁定之后，宣告企业破产。

2. 组建清算组

企业破产清算组由人民法院主持成立，成员由法院从破产企业的上级主管部门、政府财政部门、劳动、工商、审计、国资委、经委、税务、物价、社保、土地、人事等部门组织，银行可派人参与。其主要职责是清理破产企业的财产，处理破产企业的善后事宜，代表破产企业参与民事诉讼活动。

3. 接管破产企业

清算组在人民法院宣告企业破产之日起 5 日内组成，立即接管破产企业的账册、文书、资料、印章，行使法律赋予的权利。

4. 编制破产财产分配方案

清算组在清理破产企业的财产、处理完善后事宜、验证破产债权后，在确定破产企业财产的基础上编制财产分配方案，提交债权人会议讨论，通过后交人民法院裁定。

5. 处理善后事宜

清算组依法接管破产企业后，对破产企业的财产进行保管、清算、估价、变卖、分配，决定是否履行未履行完毕的合同，交付属于他人的财产，追收破产企业在法院受理破产案件前 6 个月至宣告破产之日期间内非法处理的财产。

6. 清偿债务

清算组编制的破产财产分配方案经人民法院裁定后，清算组根据方案的要求以现金或者实物偿还破产企业的债务。清偿后如果有剩余财产，在企业所有者之间进行再次分配。

7. 提请终结破产程序

清算组清偿完破产企业的债务后，清算工作结束，应当向人民法院报告，请求终结破产程序、解散清算组。

8. 报告清算工作

清算组在接管破产企业后，应定时或不定时地向人民法院报告清算工作的进度，向人民法院负责。

9. 办理注销登记

人民法院终结破产程序后，清算组应当在原破产企业登记机关注销其登记，终止其法人地位。

10. 追究破产责任

由监察和审计部门负责，查明企业破产的责任，对责任人依责任大小给予行政、刑事处罚。

11. 追回非法处分的财产

自破产程序终结之日起一年内，发现破产企业有故意损害债权人利益的非法处置的财产，由人民法院负责追回，并按原清算组拟定并经债权人讨论、人民法院裁定的方案进行分配，如有剩余，企业所有人可进行再次分配。

出纳人员通过对这些知识的学习，进一步扩充自己的知识结构，从而在应对突发事件时能够处变不惊，有条理地完成自己的本职工作。

◇ 第2堂 税务登记业务的处理

一、税务登记概述

税务登记又称纳税登记，是税务机关根据税法规定，对纳税人的生产、经营活动进行登记管理的一项法定制度，也是纳税人依法履行纳税义务的法定手续。

税务登记有利于税务机关了解纳税人的基本情况，掌握税源，加强征收与管理，防止漏管漏征，建立税务机关与纳税人之间正常的工作联系，强化税收政策和法规的宣传，增强纳税意识等。因此，出纳人员应该了解和掌握税务登记的有关知识。

税务登记是整个税收征收管理的首要环节，其种类主要分为设立税务登记、变更税务登记和注销税务登记三种。

（一）税务登记的范围

根据法律、法规规定，具有应税收入、应税财产或应税行为的各类纳税人、扣缴义务人，都应依照有关规定办理税务登记。

纳税人主要包括以下两种：

（1）从事生产、经营的纳税人：企业、企业在外地设立的分支机构和从事生产、经营的场所、个体工商户和从事生产、经营的事业单位。

（2）非从事生产经营但依照规定负有纳税义务的单位和个人：上述规定以外的纳税人，但是，国家机关、个人和无固定生产经营场所的流动性农村小商贩除外。

扣缴义务人是指负有扣缴税款义务的扣缴义务人（国家机关除外），应当办理扣缴税款登记。享受减免税待遇的纳税人需要办理税务登记。

（二）税务登记的程序

公司在领取工商营业执照后，应在30日内进行税务登记。税务登记的程序如下：

（1）由税务机关核发税务登记证及副本。

（2）纳税人在取得税务登记证后，主管税务局根据纳税人的生产经营项目，进行税种、税目和税率的鉴定。

（3）由纳税人填写纳税人税种认定登记表，该表的基本格式如表10-1所示。

表10-1 纳税人税种登记表

纳税人税种登记表

纳税人识别号：
纳税人名称：   法定代表人：

此表由纳税人根据工商登记的生产经营范围、企业属性及税法的有关规定进行填写，并在相关选项上打"√"。				
一、增值税				
类别	1. 销售货物 2. 加工 3. 修理修配 4. 其他	货物或项目名称	主营	
^	^	^	兼营	
纳税人认定情况	1. 增值税一般纳税人　2. 小规模纳税人　3. 暂认定增值税一般纳税人			
经营方式	1. 境内经营货物　2. 境内加工修理　3. 自营出口　4. 间接出口　5. 收购出口　6. 加工出口			
备注：				
二、消费税				
类别	1. 生产　□ 2. 委托加工□ 3. 零售　□	应税消费品名称	1. 烟　2. 酒及酒精　3. 化妆品　4. 护肤、护发品 5. 贵重首饰及珠宝玉石　6. 鞭炮、烟火　7. 汽油 8. 柴油　9. 汽车轮胎　10. 摩托车　11. 小汽车	

续表

此表由纳税人根据工商登记的生产经营范围、企业属性及税法的有关规定进行填写，并在相关选项上打"√"。			
经营方式			1. 境内销售 2. 委托加工出口 3. 自营出口 4.境内委托加工
备注：			
三、营业税			
经营项目		主营	
^		兼营	
备注：			
四、企业所得税、外商投资企业和外国企业所得税			
法定或申请纳税方式			1. 按实纳税 2. 核定利润率计算纳税 3. 按经费支出换算收入计算纳税 4. 按佣金率换算收入纳税 5. 航空、海运企业纳税方式 6. 其他纳税方式
非生产性收入占总收入的比例（%）			
备注：			
五、其他税			

以上内容纳税人必须如实填写，如内容发生变化，应及时办理变更登记。

（4）税务机关对有关资料进行审核（或现场调查之后），对纳税人的税种、税目、税率、纳税期限、纳税方法等进行确认。

（5）书面通知纳税人认定结果，以此作为纳税依据。

二、开业税务登记

开业税务登记是指纳税人经由工商登记而设立或者依照法律、行政法规的规定成为法定纳税人时，依法向税务机关办理的税务登记。根据有关规定，企业以及企业设在外地的分支机构和从事生产经营的场所，个体工商户和从事生产、经营的事业单位（以下统称"从事生产、经营的纳税人"），向生产、经营所在地税务机关办理税务登记。开业税务登记主要包括登记所需材料、登记时间、登记程序三方面，具体说明如下。

（一）开业税务登记所需资料

企业在办理开业税务登记时，要按照国家税务机关的要求提供如下有关证件和资料：

1. 主表及份数

（1）税务登记表（适用单位纳税人）（一式两份）。

（2）联合办证（国税地税统一办理）（一式三份）。

（3）纳税人税种登记表（一式两份）。

（4）房屋、土地、车船情况登记表（一式两份）。

2. 纳税人应提供的其他证件资料

（1）向有关机关、部门提出书面申请。

（2）营业执照副本或其他核准执业证件的原件及复印件。

（3）有关机关、部门批准设立的文件的原件及复印件。

（4）法定代表人（负责人）居民身份证、护照或者其他证明身份的合法证件的原件及复印件。

（5）法定代表人和董事会成员名单。

（6）组织机构统一代码证书的原件及复印件。

（7）有关合同、章程或协议书的原件及复印件。

（8）银行账号证明。

（9）住所或固定经营场所证明。

（10）主管国税机关需要的其他资料、证件。

（11）属于享受税收优惠政策的，还应包括需要提供的相应证明资料。

(二) 开业税务登记的登记时间

（1）从事生产、经营的纳税人应当自领取工商营业执照（含临时工商营业执照）之日起30日内，持有关证件向生产经营地或者纳税义务发生地的主管税务机关申报办理税务登记。

（2）从事生产、经营的纳税人未办理工商营业执照，但是经有关部门批准设立的，应当自有关部门批准设立之日起30日内申报办理税务登记。

（3）从事生产、经营的纳税人未办理工商营业执照，也未经有关部门批准设立的，应当自纳税义务发生之日起30日内申报办理税务登记。

（4）从事生产、经营的纳税人所属的跨地区的非独立经济核算的分支机构，除由总机构申报办理税务登记外，应当自设立之日起30日内，向所在地税务机关申报办理税务登记。

（5）其他纳税人，除国家机关和个人以外，应当自纳税义务发生之日起30

日内，持有关证件向所在地的主管税务机关申报办理税务登记。

（三）开业税务登记的程序

（1）填写税务登记表。从事生产、经营的纳税人应当在规定的时间内，向税务机关提出申请办理税务登记的书面报告，如实填写税务登记表。该表的基本格式如表10-2所示。

表 10-2　税务登记表

税务登记表
（适用于单位纳税人）

填表日期：

纳税人名称			纳税人识别号		
登记注册类型			批准设立机关		
组织机构代码			批准设立证明或文件号		
开立（设立）日期		生产经营期限		证照名称		证照号码	
注册地址		邮政编码		联系电话	
生产经营地		邮政编码		联系电话	
核算方式	请选择对应项目打"√" 独立核算　非独立核算				
从业人数			其中外籍人数		
单位性质	请选择对应项目打"√" 企业　事业单位　社会团体　民办非企业单位　其他				
网站网址			国际行业		
适用会计制度	请选择对应项目打"√" 企业会计制度　小企业会计制度　行政事业单位会计制度				
经营范围	请将法定代表人（负责人）身份证件复印件（正面）粘贴在此处				
项目 内容 联系人	姓名	身份证件		固定电话	移动电话	电子邮箱
^	^	种类	号码	^	^	^
法定代表人（负责人）						
财务负责人						

以上内容一定要据实填写，如内容发生变化，应及时办理变更登记。

除了要填写税务登记表之外，在实际操作中，税务机关还要求纳税人填写税种登记表，符合增值税一般纳税人条件的纳税人，还应填写增值税一般纳税人申请认定表。

（2）提供有关证件、资料。纳税人向税务机关填报税务登记表的同时，应当根据不同情况相应提供以下证件、资料：有关合同、章程、协议书；银行账号证明；营业执照；居民身份证、护照或者其他合法证件；税务机关要求提供的其他有关证件、资料等。

（3）建立纳税人登记资料档案。所有的登记工作完毕后，税务登记部门应将纳税人填报的各种表格以及提供的有关资料及证件复印件建成纳税人登记资料档案，并制成纳税人分户电子档案，为以后的税收征管提供可靠的信息来源。

（4）审核发证。对纳税人填报的税务登记表，提供的有关证件及资料，税务机关应当自收到之日起30日内审核完毕。

（5）符合规定的，予以登记，并发给税务登记证件；对不符合规定的，也应给予答复。

三、税务登记变更

变更税务登记是指纳税人办理设立税务登记后，因税务登记内容发生变化，向税务机关申请将税务登记内容重新调整为与实际情况一致的一种税务登记管理制度。

（一）办理税务登记变更的条件

凡属于下列情况之一者，需要持有关证件，向原税务登记主管机关申请办理变更税务登记：

（1）改变法定代表人、纳税人、扣缴义务人名称。

（2）改变注册（住所）地址或经营地址。

（3）改变登记注册类型。

（4）改变通信号码或联系方式。

（5）改变经营期限。

（6）改变银行账号。

（7）增设或撤销分支机构。

（8）其他改变税务登记的内容事项。

（二）办理变更税务登记时需要准备的材料

纳税人在办理变更税务登记时，应提交如下资料、证件：

（1）书面申请。

（2）营业执照及工商变更登记表的原件及复印件。

（3）国税机关发放的原税务登记证件。

（4）变更内容的决议及有关证明文件的原件及复印件。

（5）承继原纳税人债权债务及账务连续核算证明。

（6）主管国税机关需要的其他资料和证明。

（三）办理变更税务登记的程序

1. 提出申请

纳税人税务登记项目发生变更时，在发生变更后30日内，到主管税务机关税务登记管理岗位领取、填写和提交如下申请资料：

纳税人因变更工商登记而需变更税务登记的内容包括：变更登记申请书；工商变更登记表及工商执照（注册登记执照）及复印件；纳税人变更税务登记内容的决议及有关证明资料；税务机关发放的原税务登记资料（登记证正、副本和登记表等）；《税务登记变更表》；《纳税人税种登记表》以及其他有关资料。

非工商登记变更因素而变更税务登记内容的：变更登记申请书；纳税人变更税务登记内容的决议及有关证明资料；税务机关发放的原税务登记资料；《税务登记变更表》；《纳税人税种登记表》以及其他有关资料。

2. 受理

税务登记管理岗位审阅纳税人填报的表格是否符合要求，附送的资料是否齐全，对于那些符合条件的，税务机关才会予以受理。

3. 审核

对纳税人报送的变更登记表及附列资料进行核对，检查填写内容是否准确，有无漏缺项目。对变更法人代表的，对法定代表人居民身份证号码进行审核比对，检查是否有在案的未履行纳税义务的记录。

4. 证件制作、发放

税务机关应当自受理之日起30日内，审核办理变更税务登记。纳税人税务登记表和税务登记证中的内容都发生变更的，税务机关按变更后的内容重新核发税务登记证件；纳税人税务登记表的内容发生变更而税务登记证中的内容未发生变更的，税务机关不重新核发税务登记证件。

出纳人员要牢记这些在进行税务变更过程中的程序和步骤，从而在进行税务登记变更过程中保证材料的完整性和有序性，让变更登记的步骤更加简略，工作效率更高。

四、税务登记注销

注销税务登记主要是指纳税人发生解散、破产、撤销以及其他情形，不能继续履行纳税义务时，向税务机关申请办理终止纳税义务的税务登记管理制度。办理注销税务登记后，该当事人不再接受原税务机关的管理。在办理税务登记注销时要注意时限要求、承诺时限、所需材料、办理程序和工作标准等五个方面内容。

（一）税务登记注销时的时限要求

依照《税收征管法实施细则》的规定，办理注销税务登记情形及期限包括以下三种：

（1）纳税人因住所、经营地点变动而涉及改变税务登记机关的，应当在向工商行政管理机关或者其他机关申请办理变更或注销登记前或者住所、经营地点变动前，向原税务登记机关申报办理注销税务登记，并在30日内向迁达地税务机关申报办理税务登记。

（2）纳税人被工商行政管理机关吊销营业执照或者被其他机关予以撤销登记的，应当自营业执照被吊销或者被撤销登记之日起15日内，向原税务登记机关申报办理注销税务登记。

（3）纳税人发生解散、破产、撤销以及其他情形，依法终止纳税义务的，应当在向工商行政管理机关或者其他机关办理注销登记前，持有关证件向原税务登记机关申报办理注销税务登记；按照规定不需要在工商行政管理机关或者其他机关办理注册登记的，应当自有关机关批准或者宣告终止之日起15日内，持有关证件向原税务登记机关申报办理注销税务登记。

（二）税务登记注销时的承诺时限

提供资料完整、填写内容准确、各项手续齐全，符合受理条件的，自受理之日起在 2 个工作日内办结纳税人注销登记；在注销清算过程中未发现纳税人涉嫌偷、逃、骗、抗税或虚开发票等行为的，在办结受理前的涉税事项的，应在受理后 2 个工作日内办结。

（三）税务登记注销所需资料

对企业来说，纳税人办理注销税务登记时，应报送如下有关资料：

1. 主表及份数

（1）注销税务登记申请审批表（一式一份）。

（2）联合办证（国税地税统一办理）（一式两份）。

2. 应提供的其他证件资料

（1）书面申请。

（2）增值税一般纳税人认定表及资格证。

（3）税务登记证正、副本及发票准购证。

（4）营业执照被吊销的应提交工商部门发放的吊销决定及复印件。

（5）注销登记的有关决议及复印件。

（6）当期（月）申报表资料及完税凭证。

（7）主管税务机关需要的其他证件和资料。

（四）税务登记注销办理程序

（1）纳税人在办理注销税务登记之前，首先应向税务机关结清应纳税款、滞纳金、罚款，缴销税务登记证件、发票和其他税务证件。

（2）纳税人办理注销税务登记时应提交如下资料：上级主管部门批文或董事会、职代会的决议、注销税务登记申请书以及其他有关资料。经税务机关审核后符合注销登记条件的，可领取并填写注销税务登记申请审批表。

（3）税务管理部门经稽查、审核后办理注销税务登记手续。纳税人因住所、经营地点发生变化需改变税务登记机关而办理注销税务登记的，原税务登记机关应在对其办理注销手续后，向迁达地税务机关递解纳税人迁移通知书，并附纳税人档案资料移交清单，由迁达地税务登记机关为纳税人重新办理税务登记。

（五）税务登记注销工作标准

（1）审核、录入资料，从内容上来看主要是看证件资料是否齐全、合法、有效,《注销税务登记表》填写是否完整准确,印章是否齐全;纸质资料不全或者填写内容不符合规定的,应当场一次性告知纳税人补正或重新填报;审核纳税人是否在规定时限内办理注销税务登记,如未按规定时限,则进行违法违章处理。

(2) 审核无误后,将纳税人报送的所有资料转下一环节。接收上一环节转来的资料后,进行清算,主要有以下内容:审核纳税人需要办结取消相关资格认定;结清税款、多退(免)税款、滞纳金、罚款;结存发票作验旧、缴销处理;办结申报;防伪税控纳税人取消防伪税控资格、交回防伪税控设备;未结案件等涉税事项。

对纳税人未办结的涉税事项进行实地清算,收回税务登记证件。通过以上审核,核准注销税务登记申请,在其报送的《注销税务登记申请审批表》上签署意见,经系统录入注销登记信息,制作《税务事项通知书》送达纳税人,将相关资料归档。

出纳人员在掌握了税务登记注销的相关程序之后,就可以在日常工作中灵活地应对这些事件的发生,同时也可以提高自己在税务方面的专业知识,从而提高自己的综合素质,最终提升自己的实力,取得更大的成就。

五、停复业税务登记

(一) 停业登记

实行定期定额征收方式的个体工商户需要停业的,应当在停业前向税务机关申报办理停业登记。纳税人的停业期限不得超过一年。

1. 纳税人停业办理时限

实行定期定额征收方式的个体工商户需要停业的,应当在发生停业的上月向税务机关申请办理停业登记;已办理停业登记的纳税人停业期满不能及时恢复生产经营的,应当在停业期满前向税务机关提出延长停业登记申请。

2. 办理停业登记应提供资料

(1)《税务登记证》正、副本。

(2)《发票领购簿》以及未使用的发票。

(3)《停业复业(提前复业)报告书》。

3. 停业办事程序

纳税人携带相关资料到主管税务机关办理。在申报办理停业登记时，应如实填写停业申请登记表，说明停业理由、停业期限、停业前的纳税情况和发票的领、用、存情况，并结清应纳税款、滞纳金、罚款。如纳税人提供资料完整、填写内容准确、各项手续齐全、符合停业条件的，税务机关经办人在其报送的《停业复业（提前复业）报告书》上签署意见，收存纳税人有关税务登记证正副本、发票领购簿、未使用完的发票等；经系统录入停业核准信息，制作《税务事项通知书》交纳税人。

4. 其他说明

（1）通过系统审核纳税人是否为定期定额征收方式纳税人，如不为定期定额征收方式纳税人，则不予受理纳税人提出的停业申请。

（2）通过系统审核纳税人是否有未结清应纳税款、滞纳金、罚款，是否有未结案件，如存在以上情形，告知纳税人结清税款、滞纳金、罚款，未结案件结案，方可受理停业登记申请。

（二）复业登记

办理停业登记的个体工商户，应当在恢复生产经营之前向税务登记机关申报办理复业登记。

1. 纳税人办理时限

纳税人应当于恢复生产经营之前，向税务机关申报办理复业登记。如纳税人按核准的停业期限内准期复业的，应当在停业到期前向税务机关申请办理复业登记；如纳税人提前复业的，应当在恢复生产经营之前向税务机关申报办理复业登记。

2. 复业登记办理程序

纳税人携带相关资料到主管税务机关办理。税务机关按照《停业复业（提前复业）报告书》将收存的税务登记证正副本、发票领购簿、未使用完的发票全部返还纳税人并启用。纳税人准期复业的，以核准停业期满次日作为复业日期；提前复业的，以提前复业的日期作为复业日期；对停业期满未申请延期复业的纳税人，按准期复业处理，在系统中正确录入复业信息。

◇ 第3堂 纳税申报业务的处理

一、纳税申报概述

纳税申报是指纳税人、扣缴义务人为履行纳税义务，就纳税事项向税务机关提出书面申报的一种法定手续。

（一）纳税申报的类型

纳税申报可分为正常申报和非正常申报两种。正常申报是指纳税人在税法规定的申报期内办理各税的纳税申报。非正常申报是指通过欠税补缴、迟申报、检查补税、评估补税、行政处罚和自查补税等形式办理的纳税申报。

（二）纳税申报表

纳税申报表，是税务机关制定，由纳税人填写，以完成纳税申报程序的一种税收文书。

1. 纳税申报表的基本格式

纳税申报表一般应包括纳税人名称、税种、税目、应纳税项目、适用税率或单位税额、计税依据、应纳税款、税款属期等内容。增值税申报表还有进项税额、销项税额；所得税申报表还有销售收入、销售利润、应纳税所得额、应纳所得税额等。增值税纳税申报表的基本格式如表10-3所示。

表 10-3 增值税纳税申报表

增值税纳税申报表
（适用于小规模纳税人）

纳税人识别号：
纳税人名称（公章）：　　　　　　　　　　　　　金额单位：元（列至角分）
税款所属期：　年　月　日至　年　月　日　　　　填表日期：　年　月　日

项目		栏次	本月数	本年累计
一、计税依据	（一）应征增值税货物及劳务不含税销售额	1		
	其中：税务机关代开的增值税专用发票不含税销售额	2		
	税控器具开具的普通发票不含税销售额	3		
	（二）销售使用过的应税固定资产不含税销售额	4		

续表

项目		栏次	本月数	本年累计
一、计税依据	其中：税控器具开具的普通发票不含税销售额	5		
	（三）免税货物及劳务销售额	6		
	其中：税控器具开具的普通发票销售额	7		
	（四）出口免税货物销售额	8		
	其中：税控器具开具的普通发票销售额	9		
二、税款计算	本期应纳税额	10		
	本期应纳税额减征额	11		
	应纳税额合计	12=10−11		
	本期预缴税额	13		—
	本期应补（退）税额	14=12−13		—
纳税人或代理人声明：此纳税申报表是根据国家税收法律的规定填报的，我确定它是真实的、可靠的、完整的。	如纳税人填报，由纳税人填写以下各栏： 办税人员（签章）：　　　　财务负责人（签章）： 法定代表人（签章）：　　　　联系电话： 如委托代理人填报，由代理人填写以下各栏： 代理人名称：　　　经办人（签章）：　　　联系电话： 代理人（公章）：			
受理人：	受理日期：　年　月　日　　　　受理税务机关（签章）：			

上述表格一式三份，一份由纳税人保留，一份由主管税务机关留存，一份由征收部门留存。

2. 办理纳税申报的程序

（1）纳税人办理纳税申报时，应当如实填写纳税申报表，并根据不同的情况相应报送财务会计报表及其说明材料；与纳税有关的合同、协议书及凭证；税控装置的电子报税资料；外出经营活动税收管理证明和异地完税凭证；境内或者境外公证机构出具的有关证明文件；税务机关规定应当报送的其他有关证件、资料等。

（2）扣缴义务人办理代扣代缴、代收代缴税款报告时，应当如实填写代扣代缴、代收代缴税款报告表，并报送代扣代缴、代收代缴税款的合法凭证以及税务机关规定的其他有关证件、资料。

（三）纳税申报的方式

纳税申报方式是指纳税人与扣缴义务人在发生纳税义务和代扣代缴、代收代缴义务后，在其申报期限内，依照税收法律、行政法规的规定到指定税务机关进行申报纳税的形式。

纳税申报的方式主要包括数据电文申报、邮寄申报、上门申报和简易申报四种，其具体说明如下。

1. 数据电文申报

数据电文申报也称电子申报，是指税务机关以确定的电话语音、电子数据交换和网络传输等电子方式办理的纳税申报。纳税人采取电子方式办理纳税申报的，应当按照税务机关规定的期限和要求保存有关资料，并定期书面报送主管税务机关。

2. 邮寄申报

邮寄申报是指经税务机关批准，纳税人、扣缴义务人使用统一的纳税申报专用信封，通过邮政部门办理交寄手续，并以邮政部门收据作为申报凭据的一种申报方式。纳税人到主管国家税务机关办理纳税申报有困难的，经主管国家税务机关批准后，也可以采取邮寄申报，以邮出地的邮戳日期为实际申报日期。

3. 上门申报

上门申报也称直接申报，是指纳税人、扣缴义务人、代征人应当在纳税申报期限内到主管国家税务机关办理纳税申报、代扣代缴、代收代缴税款或委托代征税款报告以及其他的有关资料的一种申报方式。

4. 简易申报

简易申报是指纳税人按照税务机关核定的税款按期缴纳入库，通过以缴纳税款凭证代替纳税申报，从而简化纳税人纳税申报的一种方法。

通过掌握以上四种纳税申报方式，出纳人员可以在日常工作中了解税务的系统知识，从而在与企业相关的税务处理中展现自己的才能，提升自己的工作能力。

二、各主要税种纳税申报的期限

纳税申报期限是指税收法律、法规规定或者税务机关依照税收法律、法规的规定确定的纳税人、扣缴义务人向税务机关办理申报和纳税的期限。

纳税申报期限由于各税种特点、征收对象、计税环节的不同而不尽相同，同一税种也会由于纳税人的经营情况不同、应纳税额大小不等、财务会计核算不同等，申报期限也不一样。一般情况下，申报期限可以分为按期申报纳税和按次申报纳税。按期纳税申报，是以纳税人发生纳税义务的一定期间为纳税申报期限，不能按期纳税申报的，实行按次申报纳税。

（一）各主要税种的纳税申报期限

1. 增值税纳税期限

根据《增值税暂行条例》的规定，增值税的纳税期限分别为1日、3日、5日、10日、15日、1个月或者1个季度。具体执行方式如下：

（1）以1日、3日、5日、10日或者15日为1个纳税期的，自期满之日起5日内预缴税款，于次月1日起15日内申报纳税并结清上月应纳税款。

（2）以1个月或者1个季度为1个纳税期的，自期满之日起15日内申报纳税。

（3）以1个季度为纳税期限的规定，仅适用于小规模纳税人。小规模纳税人的具体纳税期限，由主管税务机关根据其应纳税额的大小分别核定。

纳税人的具体纳税期限，由主管税务机关根据纳税人应纳税额的大小分别核定；不能按照固定期限纳税的，可以按次纳税。纳税人进口货物，应当自海关填发进口增值税专用缴纳书之日起15日内缴纳税款。

2. 企业所得税纳税期限

企业所得税按年计征，分月或者分季预缴，年终汇算清缴，多退少补。具体执行方式如下：

（1）企业所得税的纳税年度，自公历1月1日起至12月31日止。

（2）企业在一个纳税年度的中间开业或终止经营活动，应当以其实际经营期为1个纳税年度。企业清算时，应当以清算期间作为1个纳税年度。

（3）企业在年度中间终止经营活动的，应当自实际经营终止之日起60日内，向税务机关办理当期企业所得税汇算清缴。

（4）自年度终了之日起5个月内，向税务机关报送年度企业所得税纳税申报表，并汇算清缴，结清应缴应退税款。

3. 消费税纳税期限

按照《消费税暂行条例》的规定，消费税的纳税期限分别为1日、3日、5

日、10日、15日、1个月或者1个季度。具体执行方式如下：

（1）以1日、3日、5日、10日或者15日为一期纳税的，自期满之日起5日内预缴税款，于次月1日起至15日内申报纳税并结清上月应纳税款。

（2）以1个月或以1个季度为一期纳税的，自期满之日起15日内申报纳税。

（3）纳税人进口应纳税的消费品，应当自海关填发海关进口消费税专用缴款书之日起15日内缴纳税款。

纳税人的具体纳税期限，由主管税务机关根据纳税人应纳税额的大小分别核定；不能按照固定期限纳税的，可以按次纳税。

4. 营业税纳税期限

营业税的纳税期限，分别为5日、10日、15日、1个月或1个季度。具体执行方式如下：

（1）以5日、10日或者15日为一期纳税的，自期满之日起5日内预缴税款，于次月1日起15日内申报纳税并结清上月应纳税款。

（2）以1个月或1个季度为一期纳税的，自期满之日起15日内申报纳税。

纳税人的具体纳税期限，由主管税务机关根据纳税人应纳税额的大小分别核定；不能按照固定期限纳税的，可以按次纳税。

5. 资源税纳税期限

资源税的纳税期限为1日、3日、5日、10日、15日或者1个月，具体执行方式如下：

（1）以1日、3日、5日、10日或者15日为一期纳税的，自期满之日起5日内预缴税款，于次月1日起10日内申报纳税并结清上月税款。

（2）纳税人以1个月为一期纳税的，自期满之日起10日内申报纳税。

纳税人的纳税期限由主管税务机关根据实际情况具体核定。不能按固定期限计算纳税的，可以按次计算纳税。

（二）纳税申报期限的顺延

纳税人、扣缴义务人办理纳税申报的期限最后一日，如果遇到国家法定的公休、节假日的，可以顺延。公休假日指元旦、春节、"五一"国际劳动节、清明节、中秋节、国庆节以及双休日等。

（三）延期办理纳税申报

纳税人、扣缴义务人、代征人有下列情形之一的，可以延期办理纳税申报：

（1）按照规定的期限办理纳税申报或者报送代扣代缴、代收代缴税款报告表、委托代征税款报告表确有困难，需要延期的，应当在规定的申报期限内向主管国家税务机关提出书面延期申请，经主管国家税务机关核准，在核准的期限内办理。

（2）纳税人、扣缴义务人、代征人因不可抗力情形，不能按期办理纳税申报或者报送代扣代缴、代收代缴税款或委托代征税款报告的，可以延期办理。但是，必须在不可抗力情形消除之后立即向主管国家税务机关报告。